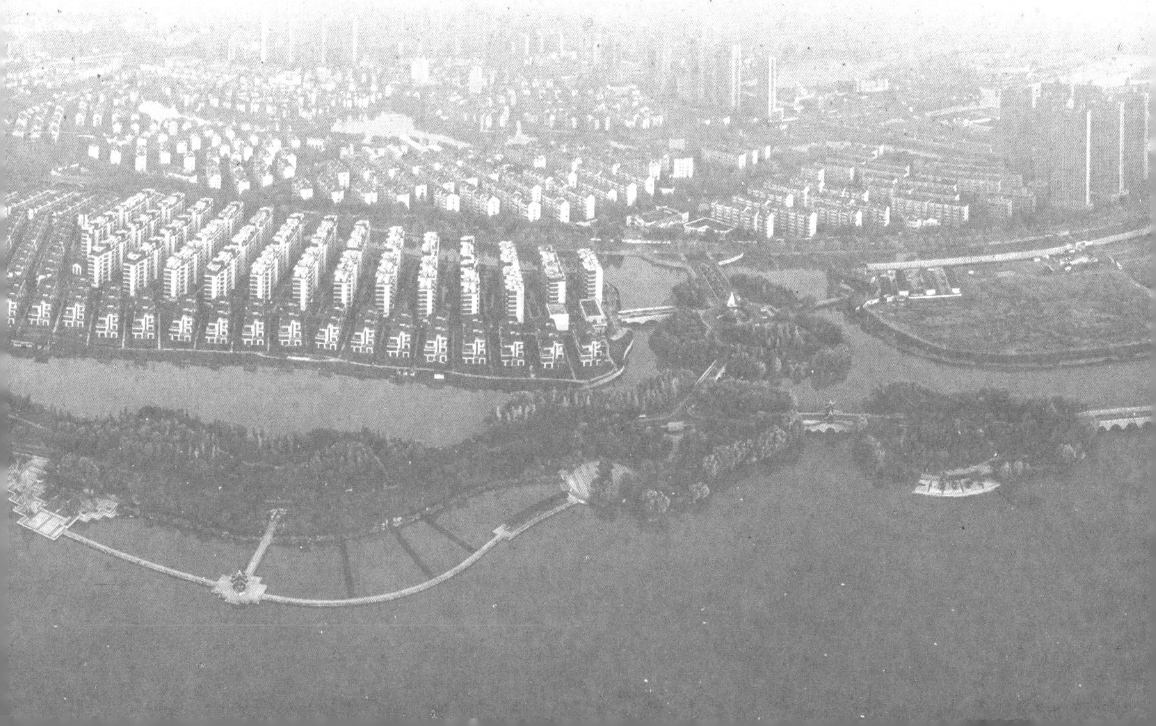

浙江省档案馆
永恒典藏

《记忆浙江·2024》

主　　编　王利月
副 主 编　胡元潮
编　　辑　莫剑彪　阮发俊

记忆浙江
JIYI ZHEJIANG
2024

浙江省档案馆 编

红旗出版社

序 PREFACE

（一）

历史长河，浩浩荡荡。看百舸争流，观千帆竞发，唯有红船劈波斩浪、一往无前。欲纵览历史之概貌，明确航船之方向，唯有借助档案。档案，或结之于绳，或刻之于甲骨，或铭之于青铜，或书之于简册，先人留下了浩如烟海的珍贵财富，后人汲汲求索，希冀于吉光片羽中求得雪泥鸿爪。

以史为鉴，可知兴替。历史，由一段一段的历程接续而成。不知过往，又何以开未来？那些以往的事迹，借由档案化成温润的文字，令后之观者，或恍然大悟，或为之动容。

其事如在，皎同星汉。记忆是不说谎的镜子，明朗地烛照着真实的过去。本书亦与时迁移，应物变化，借档案之视角，凭记史之笔法，揽浙江一年之大事要事，客观、真实地记录，备览于册，以求今之所以观往、后之所以知今。

潮涌潮去，风云际会。唯有站在浙江今天和明天的交会点上，回望过去，展望未来，方能生出走在前列的豪迈，下定勇立潮头的决心。

（二）

"八八战略"实施20多年来，引领浙江大地发生了全方位、系统性、深层次的精彩蝶变，指引浙江的高质量发展和现代化建设取得了历史性成就。

日月忽其不淹兮，春与秋其代序。当时钟拨转来到2024年，全省上下"干"字当头、"实"字为要，涌动着干事创业的热情与活力。

这一年，浙江保持一张蓝图绘到底的战略定力，高质量发展建设共同富裕示范区。积极探索缩小"三大差距"，强力推进创新深化、改革攻坚、开放提升，展现出更全面、更充分、更先进、更高质量、更可持续的发展新气象。

这一年，浙江肩负一马当先走在前的使命担当，加快建设创新浙江，因地制宜大力发展新质生产力。锚定全面建成高水平创新型省份的战略目标，努力朝着"科技创新强、产业能级高、创新主体活、创新生态好"的现实图景大步迈进。

这一年，浙江遵循一子落满盘活的路径方法，推进高水平对外开放，打造高能级开放强省。积极培育对外开放新动能，以高水平开放引领推动高质量发展不断取得新突破，为奋力谱写中国式现代化浙江新篇章注入强劲动力。

这一年，浙江发扬一脉相承续新篇的果敢精神，在习近平文化思想的指导下，加快建设高水平文化强省，奋力打造新时代文化高地。以"十大行动"为主抓手，狠抓落实，让历史说话、让文化说话，为中华民族现代文明建设助力增辉。

这一年，浙江坚守一以贯之强党建的政治信念，牢记嘱托、勇毅前行，加快打造清正廉洁、干净干事的新时代党建高地。深入践行新时代党的建设总要求，进一步健全要素齐全、功能完备、科学规范、运行高效的全面从严治党体系。

"潮平两岸阔，风正一帆悬。"从太湖南岸到瓯江之畔，自东海湾区溯钱江之源，创新驱动浙江高质量发展，改革赋能省域治理效能提升，共同富裕示范建设蹄疾步稳，之江大地呈现出一派创新之力、开放之姿、共富之美。

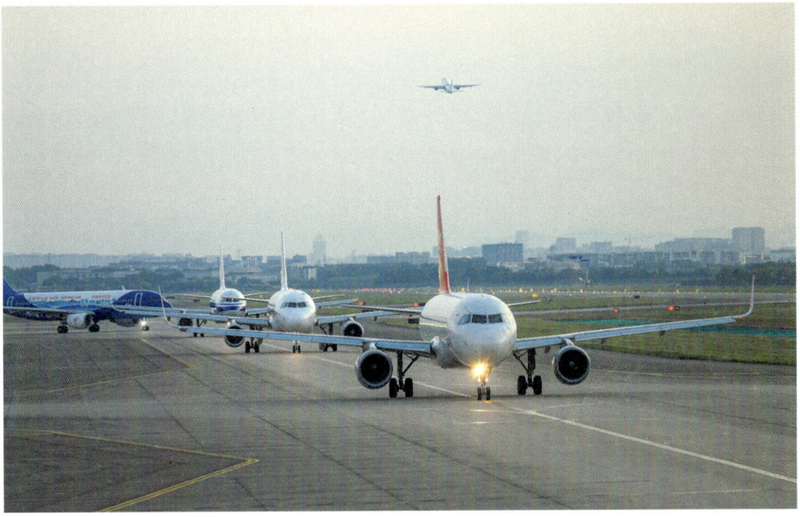

目录 CONTENTS

高层聚焦 ... 1

发展高质量 ... 7
一张蓝图绘到底——奋力谱写中国式现代化浙江新篇章 10
跑好新赛道——聚焦加快发展新质生产力 14
经济大省挑大梁——改革创新引领高质量发展 17
从"双城记"到"第三极"——贯通浙江南北的区域发展新格局 20

共富作示范 ... 25
实干笃行建新功——高质量发展建设共同富裕示范区迈入新阶段 28
"千万工程"带来"万千气象"——多管齐下建设和美乡村 32
绘就最美的"诗和远方"——浙江省文旅深度融合工程 36
加快发展县的破局突围——构建山区海岛县分类动态调整机制 40
抒写羌塘大地上的传奇——对口支援那曲市30周年 44
浙川相连，千里共情——新一轮浙川对口合作走过3年 46

创新增动能 ... 51
全力拼经济的"组合拳"——迭代升级"8+4"经济政策体系 54
塑造发展新优势——完善科技创新体系 58
用顶呱呱的学校培养香喷喷的人才——加快构建现代职业教育体系 62

改革优环境 　　　　　　　　　　　　　　　　　　　　　　　　　65

　　阳光雨露，万物生长——全方位打造一流营商环境升级版　68

　　改革，向新蓝海再出发——擦亮政务服务增值化改革金名片　74

　　精管善治，守护"大平安"——"大综合一体化"行政执法改革　76

　　探路县域高质量发展——嘉善示范点建设经验　78

发展新格局 　　　　　　　　　　　　　　　　　　　　　　　　83

　　四手联弹协奏曲——谱写长三角一体化发展新篇章　86

　　深化打造全省域开放格局——浙江自贸试验区提质扩面　89

　　多规合一，擘画蓝图——浙江的国土空间规划　91

　　迈向世界一流强港——宁波舟山港跃上新台阶　94

　　"七兄弟"拼出新动能——省级新区取得亮眼成绩　97

治理创优享 　　　　　　　　　　　　　　　　　　　　　　　　101

　　从"一方平安"到"长治久安"——平安浙江建设20周年　104

　　基础教育，扩优提质——义务教育优质均衡发展　107

　　凤凰展翅，情满畲乡——景宁畲族自治县建县40周年　109

文化富精神 　　　　　　　　　　　　　　　　　　　　　　　　113

　　绘制文化资源图谱——启动文化基因激活工程　116

　　千年古城留住"烟火气"——推动"三名"保护传承工作　119

　　文脉华章日日新——浙江考古新成就　122

　　"浙里"年味助"村兴"——"村晚"金名片　125

　　点亮阅读之灯——城市书房建设的"温州标准"　127

　　强本固基，奥运出彩——高水平推进竞技体育和群众体育全面发展　129

生态美江南　　133

　　书写"浙江绿"新篇章——生态文明建设先行示范　　136

　　实现"绿""富"共赢——生态补偿机制的浙江模式　　140

　　低碳生活,有"迹"可循——加快建立碳足迹管理体系　　142

初心守根脉　　145

　　勇当全面深化改革的排头兵——中共浙江省委十五届五次全会　　148

　　推动高质量发展,共富示范显担当——中共浙江省委十五届六次全会暨省委经济工作会议　　151

　　选贤任能,干净干事——激励干部大胆开拓、担当作为　　153

　　春风化雨,廉润之江——奋力打造新时代党建高地　　155

　　画好最大同心圆——统一战线凝心聚力助推共同富裕　　157

最美浙江人　　161

　　刻在4500米的人生高度——浙江省第十批援藏干部人才群像　　164

　　扎根在时代里的种子——浦江县委宣传部原部长徐利民　　166

　　独山松的理想——浙江省驻川工作组原组长王峻　　168

　　没有终点站——孔胜东的最后一班车　　170

大事纪略　　173

跋　　197

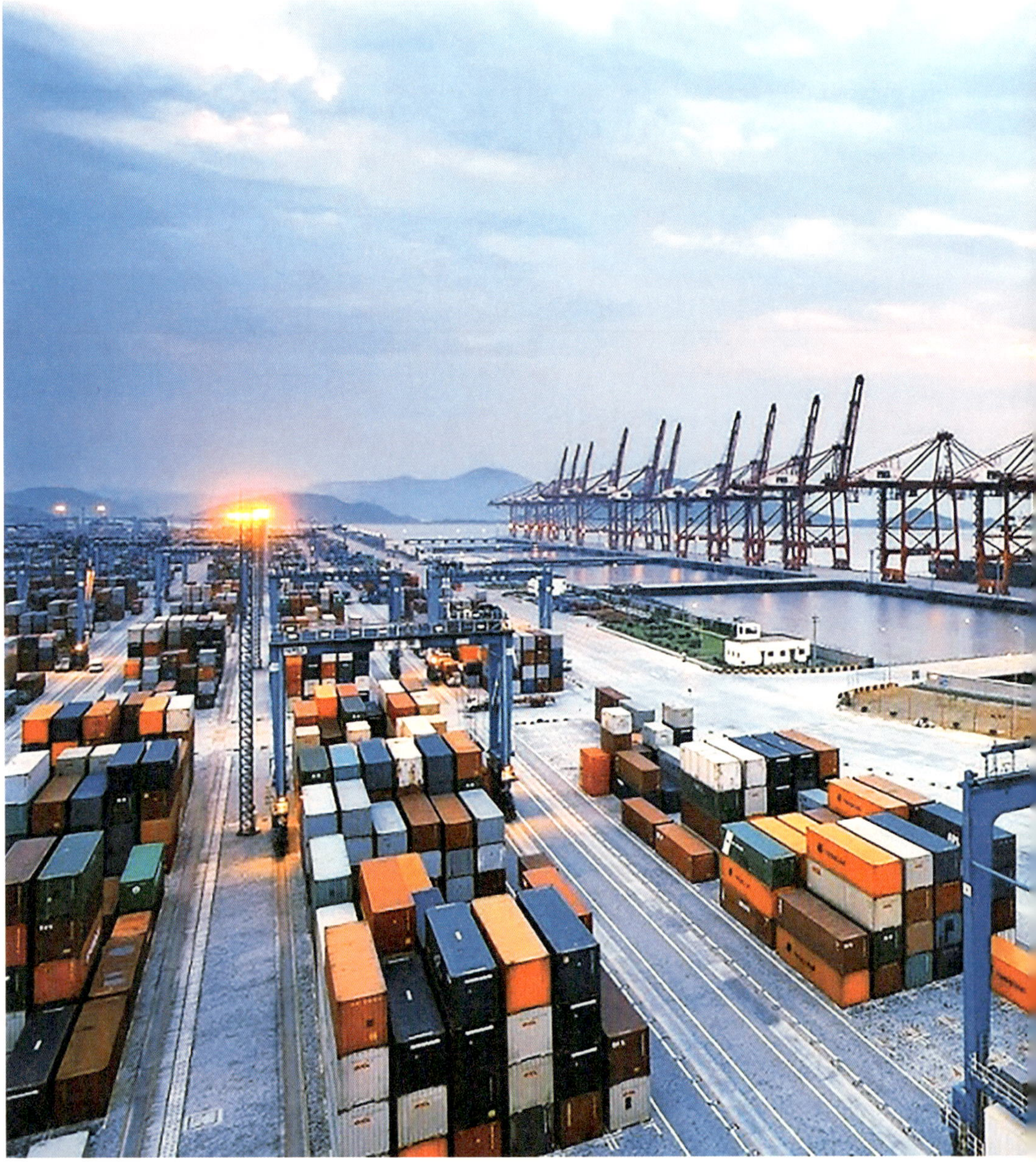

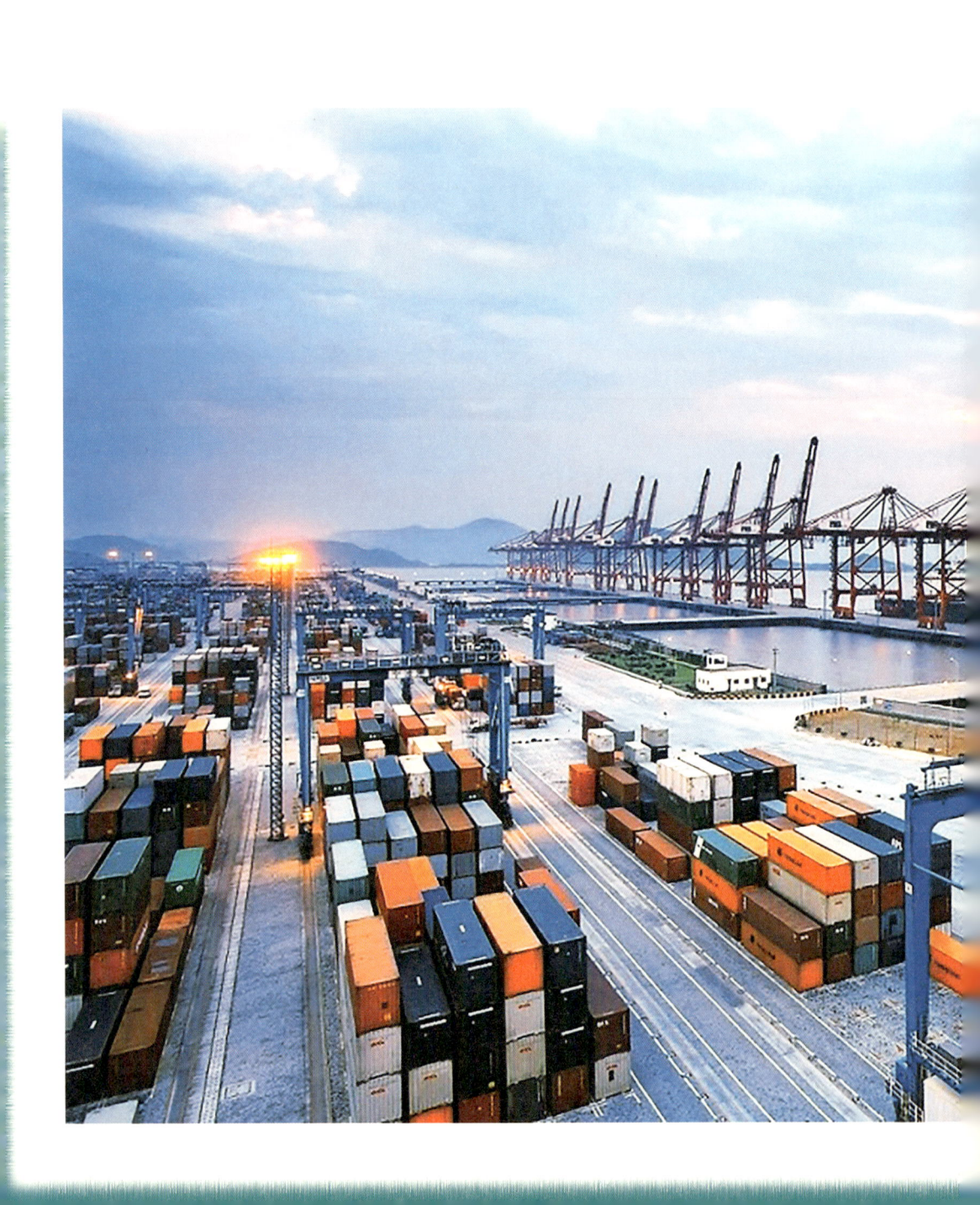

高层聚焦

GAOCENG JUJIAO

2024年11月2日,省委书记王浩来到浙江展览馆,参观大道之行——"八八战略"实施20周年大型主题展览

2024年4月19日,时任省委书记易炼红赴衢州市柯城区府山街道坊门街社区,考察社区党群服务中心,了解"三民工程"服务社区居民和基层减负相关情况

2024年12月24日，省委副书记、代省长刘捷调研宁波东方电缆股份有限公司

2024年4月25日，省政协主席廉毅敏赴丽水，围绕助力革命老区振兴发展、山区共富先行开展调研

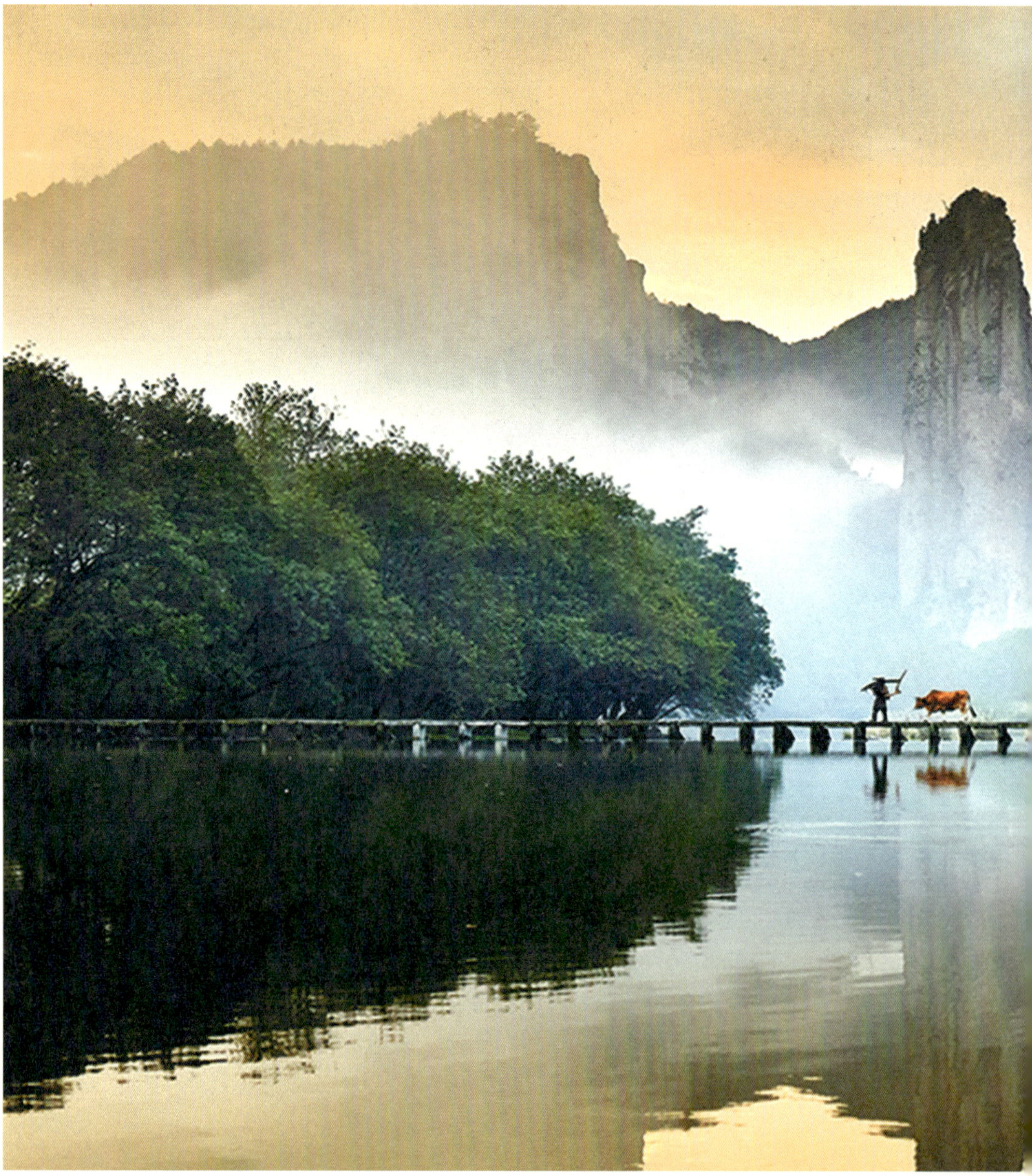

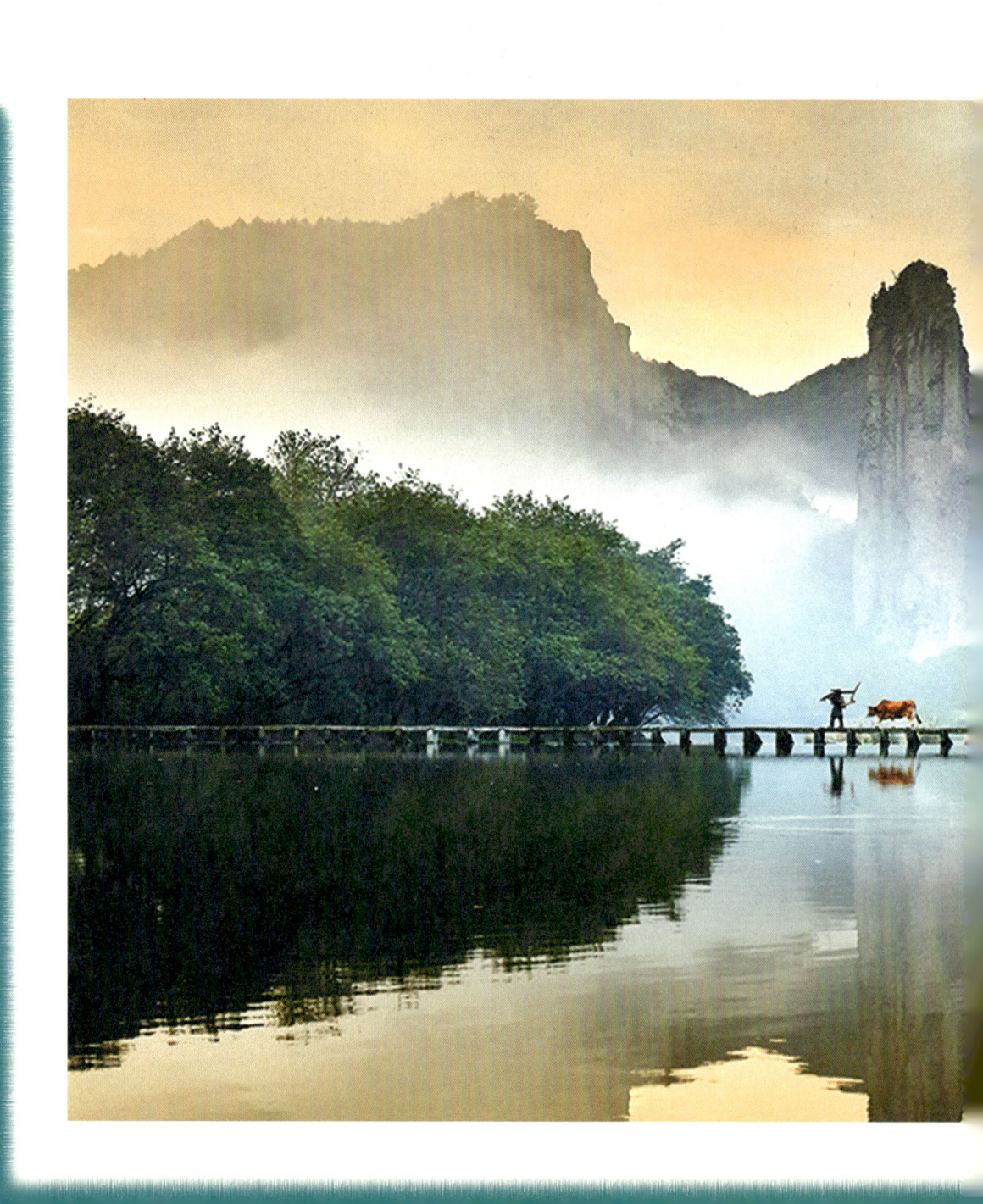

发展高质量

FAZHAN GAOZHILIANG

作为改革开放的前沿阵地,浙江始终走在高质量发展的前列,不断开辟发展新境界:数字经济蓬勃发展,智能制造加速推进,新兴产业集群崛起,能源利用效率大幅提升,居民生活水平显著提高。

2024年,全省上下更是奋力谱写中国式现代化省域新篇章,以改革创新引领高质量发展,积极部署发展新质生产力,从唱好杭甬"双城记"到加速打造"第三极"……全省上下齐心,描绘了进一步全面深化改革、推进中国

式现代化省域先行的蓝图：到 2035 年，浙江要推动经济总量、城乡居民收入和生活水平等再上一个新台阶、实现一个大跃升，开创中国式现代化省域先行全新局面，更展"干在实处、走在前列、勇立潮头"的雄风。

踏平坎坷成大道，斗罢艰险又出发。如今，迈上新征程的浙江，敢于直面错综复杂的局面，勇挑探路先行的责任担当，加快打造"重要窗口"，在高质量发展中奋力谱写中国式现代化浙江新篇章。

一张蓝图绘到底
——奋力谱写中国式现代化浙江新篇章

进入新时代以来，在以习近平同志为核心的党中央坚强领导下，浙江发生了全方位、系统性、深层次的精彩蝶变，从资源小省发展成为经济大省、开放大省、民营经济大省，通江达海、联通世界，对外开放势头正劲。

2024年，浙江全省上下深入学习贯彻党的二十届三中全会精神和习近平总书记考察浙江重要讲话精神，忠实践行"八八战略"，高质量发展建设共同富裕示范区，加快打造新时代全面展示中国特色社会主义制度优越性的"重要窗口"，奋力谱写中国式现代化的崭新篇章。

高质量发展：建设共同富裕示范区

高质量发展建设共同富裕示范区是浙江扛起在推进共同富裕和中国式现代化建设中发挥示范引领作用使命的主牵引，浙江以勇闯新路的担当、勇争一流的作为、创新创造的实践、务实审慎的态度，扎扎实实一体推进，不断取得新进展新成效。

牢牢扭住高质量发展建设共同富裕示范区这一核心任务，全省上下把思想和行动聚焦到"一个首要任务、三个主攻方向、两个根本"上，用改革创新的思维和办法，不断丰富完善工作体系架构，迭代优化具体路径、抓手和举措。

浙江以高质量发展为首要任务，加快打造"创新浙江"，大力发展新质生产力；加快构建特色现代化产业体系，建设全球先进制造业基地；加快打造高能级开放强省，培育对外开放新动能；加快打造更高水平的生态省，使绿色成为高质量发展最鲜明的底色；坚持以项目看发展论英雄，进一步扩大

有效投资、优化投资结构、提高投资效益；大力促进民营经济高质量发展，增强民营企业的发展活力。

浙江以缩小"三大差距"为主攻方向，持续深化新时代"千万工程"，以新型城镇化引领城乡融合发展，加快山区海岛县高质量发展，推进基本公共服务一体化均等化，循序渐进、久久为功，推动共同富裕取得更为明显的实质性进展，努力为全国提供更多可借鉴、可推广、可复制的经验做法。

浙江以改革创新为根本动力，坚持"守正创新"这一重大原则，注重科学谋划、系统集成、突出重点、实绩实效，提高改革能力，努力为经济社会发展提供强大动力和制度保障。

浙江以满足人民美好生活需要为根本目的，始终把人民放在心中最高位置，深入实施公共服务"七优享"工程，谋实办好十方面民生实事，持续建设更高水平的平安浙江、法治浙江，不断提升人民群众的获得感、安全感和满意度。

桐庐县的和美城乡画卷

破解"成长的烦恼"：发展新质生产力

加快建设创新浙江、因地制宜发展新质生产力，是浙江的使命所系。

习近平同志在浙江工作时，作出了建设创新型省份重大战略部署，带领浙江依靠创新成功破解了"成长的烦恼"。现在，浙江发展又面临资源要素缺乏、发展动能减弱、发展空间受限、发展不平衡不充分等新的"成长的烦恼"。坚定将创新进行到底，大力发展新质生产力，依靠创新攻坚克难、披荆斩棘，是打开高质量发展新天地的必由之路。

锚定全面建成高水平创新型省份，加快建设创新浙江，主要支撑是教育强省、科技强省、人才强省"三个强省"建设；核心动力是教育科技人才体制机制一体改革；关键路径是强化科技创新和产业创新深度融合；重要抓手是"315"科技创新体系建设、"415X"先进制造业集群培育、高校基础设施提质等一系列重大工程；支持保障是财政金融等政策体系、工作推进体系和考核评价体系。

加快建设创新浙江、因地制宜发展新质生产力，是承担习近平总书记赋予浙江新使命新任务的政治要求，是直面新的国际竞争的战略要求，是破解浙江高质量发展新的"成长的烦恼"的现实要求，也是浙江创新发展站在新起点上的主动选择。

高水平对外开放：打造高能级开放强省

开放是中国式现代化的鲜明标识。2023年9月21日，习近平总书记在听取浙江省委、省政府工作汇报时强调，浙江要在深化改革、扩大开放上续写新篇。

浙江勇担使命、主动作为，积极服务和融入新发展格局，不断提升参与国际竞争的硬实力，努力开创高水平开放引领高质量发展新局面：进一步完善世界一流强港建设管理体制、"四港"联动发展机制，构建完善港口集疏运体系，全面提升港口核心竞争力；全方位参与共建"一带一路"，实施自贸试验区提升战略，全力打造大宗商品资源配置枢纽，稳步推进规则、规制、管理、标准等制度型开放，锚定目标、压实责任、真抓实干；加快培育外贸新动能，

"义新欧"中欧班列开行十周年纪念号列车出发

杭州未来科技城

时刻保持未雨绸缪，增强忧患意识，有效防范应对各类风险，强化政策集成优化；打好"稳拓调"这套"组合拳"，想方设法稳住传统市场，千方百计开拓新兴市场，坚持不懈调整产业结构、产品结构，持续扩大高水平对外开放。

浙江坚持以高水平开放推动高质量发展，聚焦建设世界一流强港战略枢纽、高能级跨境电商国际枢纽、大宗商品资源配置枢纽，统筹抓好"硬件"和"软件"，加快培育对外开放新动能，持续提升"地瓜经济"发展水平，打造高能级开放强省。

奋进新时代新征程，浙江坚持一张蓝图绘到底，深刻把握推动"八八战略"走深走实与实现习近平总书记赋予浙江系列重大使命的一致性，牢牢扭住高质量发展建设共同富裕示范区这一核心任务，以高质量发展为首要任务、以缩小"三大差距"为主攻方向、以改革创新为根本动力、以满足人民美好生活需要为根本目的，拉高标杆、奋勇争先，谋实事、做实功、求实效，加快打造"重要窗口"，奋力谱写中国式现代化浙江新篇章。

跑好新赛道
——聚焦加快发展新质生产力

加快发展新质生产力是推动浙江经济与社会高质量发展的内在要求，也是浙江建设成为"中国式现代化的先行者"的经济基础。

近年来，浙江充分利用数字经济、民营经济与绿色经济的良好基础与先行优势，深入实施三个"一号工程"，通过创新、改革和开放三大动力，推进实体经济和数字经济融合，激发民营经济活力，持续推进科技创新，推进绿色发展构建现代化循环型产业体系，加快发展新质生产力。

2024年8月24日，浙江省委举行新闻发布会，宣布浙江将在三个方面促进新质生产力的发展：一是建设先进制造业集群，实施"415X"先进制造业集群培育工程，打造若干个万亿级和五千亿级产业集群；二是建设现代化基础

位于德清县雷甸镇的浙江鼎力机械股份有限公司"未来工厂"项目车间

吉利集团在衢州市的生产车间

宁波市江北区—宁波大学创新技术对接会

缙云先进制造业工程师协同创新中心

发展高质量 15

杭州湾上虞经开区新材料产业技术创新基地

设施，抓好"未来交通网络"和"新型基础设施建设"两个新赛道，优化算力设施布局，推进首批 5 个万卡级算力中心集群集中布局；三是培育更多创新型科技型企业，即培育更多的上市企业、独角兽企业、瞪羚企业、科技领军企业，计划到 2027 年实现高新技术企业和科技型中小企业数量的"双倍增"。

2024 年，世界互联网大会乌镇峰会迈入第 11 个年头。从探讨数字发展之路、网络安全之理、文明互鉴之道，到开展技术交流、项目合作、成果展示，浙江通过乌镇峰会这个全球互联网领域对话交流合作的国际平台，积极承接峰会溢出效应，紧紧把握信息时代的发展机遇。

大力发展新质生产力，不仅仅要依靠科技创新、质效提升等，还需要改革突破、制度重塑等，通过不断调整生产关系来更好地适应新质生产力发展的要求。浙江主动作为，频频发力，对新一年的科技创新作了系统全面部署，在 2024 年年初发布的"8+4"经济政策体系中，对科技创新政策包进行升级，聚焦深入实施"315"科技创新体系建设工程。

浙江的探索与实践，为我国加快发展新质生产力提供了样本。下一步，浙江将准确把握建设高水平创新型省份的基本内涵、目标任务、工作重点和"四梁八柱"，做好顶层设计，紧密结合浙江特点、优势、基础、需要，精心谋划赛道、路径、布局、抓手，因地制宜大力发展新质生产力，加快构建浙江特色现代化产业体系，为高质量发展注入强劲动力。

经济大省挑大梁
——改革创新引领高质量发展

2024年1月23日，浙江省统计局发布数据：2023年，浙江生产总值82553亿元，按不变价格计算，比上年增长6%。

进入21世纪以来，一个个万亿元台阶记录着浙江发展之路：2004年全省GDP首破1万亿元，2008年突破2万亿元，2011年突破3万亿元，2014年突破4万亿元，2017年突破5万亿元，2019年一举突破6万亿元，2021年突破7万亿元，再到2023年突破8万亿元。从每3到4年新增1万亿元，到近年来的每2年新增1万亿元，在经济体量不断增大的同时，浙江经济破新万亿元的态势蹄疾步稳。

杭州武林商圈

发展高质量 17

除了生产总值超 8 万亿元，浙江的服务业增加值、社会消费品零售总额、出口额等关键指标均超 3 万亿元，工业增加值也接近 3 万亿元，浙江的"家底"越来越厚实。

中央经济工作会议部署的 2024 年九项重点任务中，第一项就是"以科技创新引领现代化产业体系建设"。将科技创新"置顶"，浙江已经转化为实实在在的行动。随着创新实力不断强化，更多创新成果逐渐转化为新质生产力。如浙江高端产品供给能力明显增强，民用无人机、工业机器人、服务机器人、集成电路等产量纷纷快速增长。

2024 年，浙江继续围绕"稳、进、立"三个字破题立论："稳"在扩大在全国经济中的份额，"进"在硬核技术，"立"在数字要素深化改革上。努力实现稳得有底气、进得有力度、立得有依据，这是浙江经济高质量发展的根本道路。

舟山市普陀区沈家门的一排排缤纷多彩的夜排档成了夏夜的一道亮丽风景

建德市的美丽乡村

宁波三江口

从"双城记"到"第三极"
——贯通浙江南北的区域发展新格局

唱好杭甬"双城记",是习近平总书记赋予浙江的重大使命,也是"勇当先行者、谱写新篇章"必须答好的重大课题。近年来,从优势互补、协同发展,到示范引领、辐射带动,杭甬"双城记"实现了更高水平、更高质量的发展。

2024年4月,浙江省委常委会会议分别在杭州、宁波两地召开,专题研究

两地的发展工作。会后,省委、省政府出台了《进一步唱好杭州、宁波"双城记"打造世界一流社会主义现代化都市圈的行动方案》,为推进两地的高质量发展明确坐标定位、注入强大动力。

绍兴是唱好杭甬"双城记"的重要一环,"杭绍同城"也是绍兴城市发展的核心战略之一。2024年3月,绍兴发布《绍兴市融杭发展规划》,提出到2027年融杭发展取得显著成果,将初步实现融杭重点区域与杭州中心城区同城化发展。

以杭甬双城经济圈为引领,以杭绍甬一体化都市连绵带为主体,以山海协作"飞地"为重要合作载体,辐射带动全省域高质量发展的格局已基本形成。

杭绍甬高速杭绍段项目曹娥江特大桥

9月6日,省委常委会召开会议,专题研究推动温州高质量发展,明确提出温州要"提速打造全省高质量发展'第三极'"。这是省委基于新的发展形势,重新定位温州在浙江新的发展格局中的地位。不断增强温州的集聚辐射能力,成为东南沿海重要的区域中心城市,为全省多作贡献,真正实现高质量发展"第三极"功能,是省委赋予温州的新的使命担当。

在浙江,杭甬犹如"双引擎",不断驱动浙江经济提能升级。但恰如几何学中,三角形是最稳定的形状,相较于浙北"双峰"耸立,浙江比过去任何时候都需要一个提升浙南区域竞争力的核心。地处浙江最南端的温州,经济总量常年位列全省第三,无疑是最优选。从"双峰"到"三极",浙江正在下一盘区域协调发展的大棋。

日益完善的交通设施让温州市的区位优势不断显现。图为瓯北大桥

温州鹿城"人才会客厅"

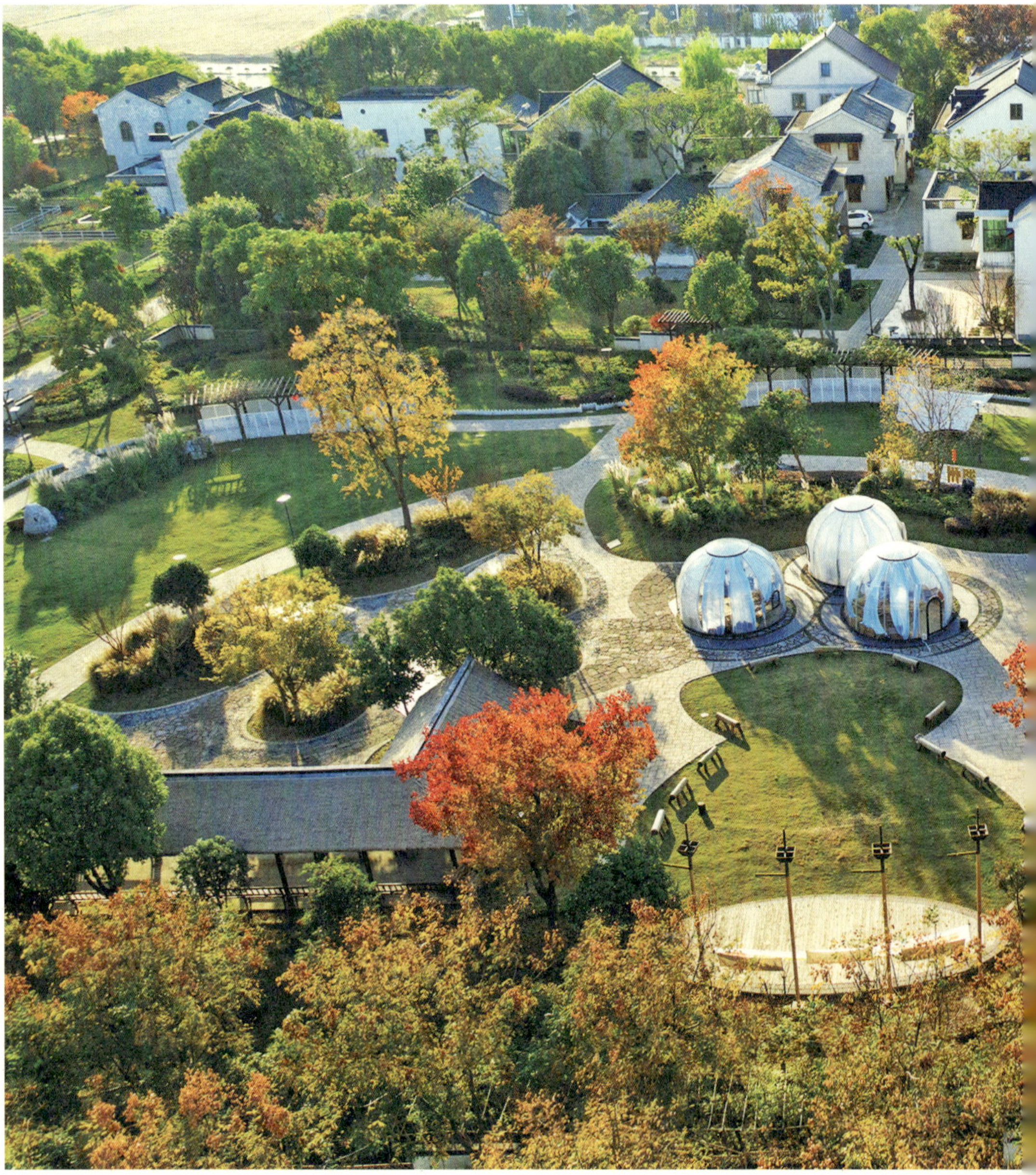

共富作示范

GONGFU ZUO SHIFAN

共同富裕，是人民群众的共同期盼。2021年，浙江坚持国家所需、浙江所能、群众所盼、未来所向，吹响了共同富裕示范区建设的"集结号"。

"千万工程"既是"民心工程"，也是"共富工程"。20多年来，"千万工程"造就了万千美丽乡村，造福了万千浙江群众。同时，浙江持续深化"千万工程"，生态农业、乡村旅游等新兴产业如雨后春笋般涌现，为浙江乡村铺就了一条通往富裕的绿色大道。

山区海岛县，作为浙江共同富裕道路上的重点区域，正迎来前所未有的发展机遇：政策扶持、资金注入、项目落地……浙江通过制定"一县一策"，

让一系列举措如春风化雨般滋润着这片土地，让山区海岛县的人民看到了希望、感受到了变化，共享着共同富裕的果实。

在对口支援方面，浙江积极践行社会责任，与兄弟省区市携手共进，通过技术援助、产业合作、人才交流等多种形式，搭建起合作共赢的桥梁。这不仅促进了区域间的均衡发展，也为浙江自身的发展拓展了更为广阔的空间。

知不足而奋进，望远山而前行。展望未来，浙江只争朝夕，凝心聚力，在高质量发展、竞争力提升、现代化先行跑道上推动共同富裕，答好新时代考题，为示范区建设打下坚实基础。

实干笃行建新功
——高质量发展建设共同富裕示范区迈入新阶段

2021年5月,中共中央、国务院印发《关于支持浙江高质量发展建设共同富裕示范区的意见》,赋予浙江为全国推动共同富裕提供省域范例的特殊使命。3年多来,浙江把高质量发展作为首要任务,主攻缩小地区、城乡和收入"三大差距",探索构建有利于推动共同富裕的基础性制度和机制,努力推进示范区各项建设,力争形成可借鉴、可复制、可推广的有效做法。

高质量发展是实现共同富裕的前提和基础。解决区域发展差距问题,是浙江探索共同富裕示范区的一大主攻方向。2003年,习近平同志在浙江工作期间,就在"八八战略"中提出,要进一步发挥山海资源优势,推动欠发达地区跨越式发展,积极实施山海协作工程。这些年,杭州、宁波、温州等城市,在高质量发展中担当作为,保持了较好的经济社会发展势头。

衢州市衢江区打造农村综合改革标准化共富新模式

宁波市奉化区雷山村"七彩巧妇"共富工坊

共富作示范

义乌市后宅街道
李祖村村民共富市集

临海市"帮农客"共富工坊直营店

同时，2023年至2025年，浙江省财政厅每年安排18亿元，择优支持18个工业大县和18个山区县以产业协作为纽带，"一对一"自由组建联合体，在做大制造业高质量发展"蛋糕"的基础上，合力探索产业促共富，提升山区县造血能力。2024年，浙江18个工业大县和18个山区县较好完成了联合体产业协作目标任务。

2024年10月17日，浙江全省党建引领"共富工坊"建设现场推进会在台州召开。会议指出，两年多来，"共富工坊"在全省各地开花结果，实践成效显著。这项工作成为先富带后富、区域共同富的重要举措，受到了群众的普遍欢迎。除了农民群体，技术工人群体也是产业发展的重要力量，极有潜力迈向中等收入群体。目前，浙江已将技术工人、新业态从业人员等9类群体作为"扩中""提低"重点，并加强对重点群体的就业帮扶工作。

共同富裕不仅要实现"经济富"，更要推动"精神富"，精神富有是共同富裕的底色。在高质量发展建设共同富裕示范区的新征程中，浙江始终将着眼点放在"人"上。2024年，浙江派出首批100名省级文化特派员分赴各地，让文化的种子在基层生根发芽、开花结果，让群众享受高品质文化生活。

浙江还通过系统性梳理盘活各类闲置低效小微空间，因地制宜植入休闲、服务、健身等功能，陆续推动"共富风貌驿""口袋公园"等设施建成落地。浙江计划到2025年年底，累计创建未来社区1500个以上、城乡风貌样板区430个以上、未来乡村1000个以上，助力人居环境持续优化，设施功能不断完善，老百姓获得感、幸福感大幅提升。

绍兴市柯桥区融"和住""和谐""和美"于一体的未来社区

"千万工程"带来"万千气象"
——多管齐下建设和美乡村

2024年2月3日,中央一号文件《中共中央 国务院关于学习运用"千村示范、万村整治"工程经验有力有效推进乡村全面振兴的意见》发布,首次把"千万工程"写入标题,肯定了"千万工程"在推进乡村全面振兴中的普遍意义。

2月22日,浙江省委、省政府印发《关于坚持和深化新时代"千万工程"打造乡村全面振兴浙江样板2024年工作要点》(2024年浙江省委一号文件),为2024年浙江推进新时代"千万工程",打造乡村全面振兴浙江样板给出了"路线图"和"政策包"。该要点明确了"六管齐下"的工作举措,从确保粮食安全根基全方位夯实、确保农民收入持续普遍较快增长、推动乡村"土、

余姚市梁弄镇横坎头村的面貌焕然一新

湖州市南浔区双林镇箈山圩村村民正在观看戏曲表演

三门县浦坝港镇鲜甜共富工坊内，村民们正在打包柑橘

特、产"（"土"即挖掘开发乡土资源，"特"即打造乡村特色产品，"产"即壮大乡村优势产业）先行发展、推动诗画江南乡村建设先行示范、推动乡村文明善治先行探索、推动县域城乡融合先行突破等六个方面，协同推进乡村全面振兴。同时强调要强化科技创新、改革开放、要素保障、数字赋能等关键支撑；强化生产力和生产关系的调整和变革，以两者的互促共进，不断增强"三农"发展新动能。

11月27日，《浙江省"千万工程"条例》经省十四届人大常委会第十三次会议审议通过，将于2025年1月1日起施行。这是全国首部关于"千万工程"的专项法规，首次将"千万工程"蕴含的发展理念、工作方法和推进机制上升为制度成果。

象山县黄避岙乡湖头新村

衢州市柯城区石梁镇石梁村文化礼堂

岱山县"四好农村路"

长兴县滨湖大道

　　除了政策支撑，乡村振兴工作离不开道路交通保障。2003年6月，时任浙江省委书记习近平亲自决策实施"乡村康庄工程"，使其成为"千万工程"的重要组成部分；2014年，习近平总书记作出重要批示，要求进一步把农村公路建好、管好、护好、运营好。多年来，浙江扛起"四好农村路"省域发源地和先行实践地的使命担当，于2023年3月率先发布《关于高质量建设"四好农村路"2.0版助力"两个先行"的实施意见》，推进"四好农村路"2.0版本，围绕着"1+5+N"体系，全面开展路网提升、安全提升、城乡公交一体化提升、农村物流提升以及数字化改革五大专项行动，打造"畅达、平安、智慧、共享"的现代化农村交通运输体系。

　　2014年至2024年，浙江已创建美丽经济交通走廊2.5万公里，累计打造百条精品示范线、千个高品质公路服务站，年均助推旅游业总产出增长超12%。未来，浙江将继续推进高质量建设"四好农村路"2.0版，加快村道的提升、和美乡村的互联，助力乡村"土、特、产"发展。

开化县马金溪沿岸金星村，当地最大限度地保留流域滩地滩林，将"固堤＋绿岸＋慢道"结合建设，带动乡村旅游和民宿经济快速发展

绘就最美的"诗和远方"
——浙江省文旅深度融合工程

2024年2月22日，浙江省文旅深度融合工程部署推进会召开。会议强调，要做深做透"文旅创新发展""文旅品牌大提升""文旅产业上档次""文化标识更鲜明""文旅服务更温馨"等5篇"大文章"，确保文旅深度融合基础更加扎实、产业更具活力、品牌更加响亮。

2024年是浙江省文旅深度融合工程的突破之年，浙江在产业转型、融合深化、品牌塑造、机制创新上持续发力，创新推出文旅产业发展的好招数、好举措，形成了一批有内涵、可持续、叫得响、具有强大吸引力的业态"爆

杭州市滨江区长河老街元旦集市

宁波市海曙区古林农旅融合新风貌

款",培育了一批有强大牵引力和辐射力的重点文旅新品牌,推出了一批在全国具有强大竞争力和示范性的标志性重大文旅项目。

根据《全国县域旅游发展研究报告2024》暨"2024年全国县域旅游综合实力百强县"名单,2024年全国县域旅游综合实力百强县分布在18个省(自治区、直辖市),其中浙江占35席,总量为全国第一;前十位中,浙江占7席,安吉县更是连续6年位居全国县域旅游综合实力百强县榜首。

未来,浙江将坚持以文塑旅、以旅彰文,推动文化和旅游在更广范围、更深层次、更高水平上融合发展,实现文旅融合基础更加扎实,文旅融合产业更具活力,文旅融合机制更加健全,文旅融合品牌更加彰显,文旅深度融合浙江样板基本定型,形成一批文旅融合标志性成果,为打造新时代文化高地、实现"两个先行"提供有力支撑。

2024年端午小长假期间,杭州市以举办西溪国际龙舟文化节为契机,激发文旅消费新活力

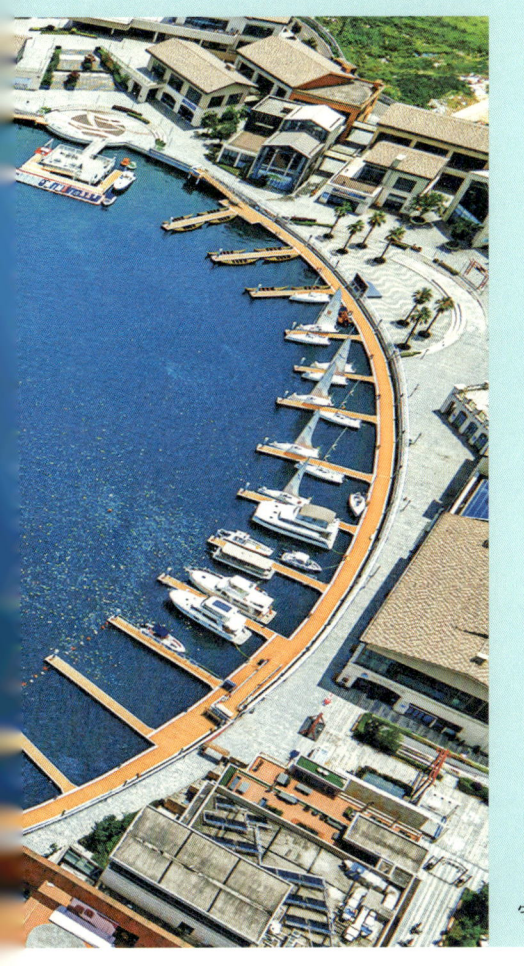

宁波市北仑区梅山湾文旅特色产业风貌样板区

共富作示范 39

加快发展县的破局突围
——构建山区海岛县分类动态调整机制

2024年8月21日,浙江召开全省山海协作工程暨山区海岛县高质量发展推进会,正式建立山区海岛县分类动态调整机制。温州市平阳县、衢州市柯城区、丽水市莲都区调出"山区26县"。这一方面是山区海岛县自身内驱发展能力逐步增强的结果,另一方面也是区域加快迈向协调发展的重要表现。

2024年上半年,山区海岛县的GDP增速、固定资产投资增速、居民收入增速均高于全省平均水平,成为全省经济的增长点。在此新形势下,浙江建立了山区海岛县分类动态调整机制,旨在以改革手段集中要素资源,强调

丽水市莲都区

平阳县图书馆

高质量发展，为山区海岛县发展制定一套完整的调出标准，既有体现地区经济效率的人均GDP指标，也有与老百姓息息相关的人均可支配收入等指标。

此次调出的3个县（区）在缩小"三大差距"上的成效尤为明显。位于浙西南的莲都区，多年来牵住百姓增收这个牛鼻子，在城区集聚美丽健康、半导体等新兴产业，在农村做强茶叶、旅游等乡村特色产业，城乡收入倍差缩小至1.58，保持全省山区县最小。平阳县则通过"大抓项目、抓大项目"发力先进制造业，累计入选省重大产业项目46个，位居全省前

列。柯城区以特色生态产业平台为主战场，重点聚焦光电、集成电路、半导体等产业，通过"延链、补链、强链"推动产业集群化发展，数字经济发展水平综合评价连续5年居"山区26县"首位。

2024年，浙江在建立新型山海协作结对机制、"发展飞地"整合运营机制和干部人才资源倾斜集成改革等方面加大了创新力度，为山区海岛县加快迈向共同富裕提供强大的组织、要素和人才保障。未来，对调出的三地保持原有的扶持政策3年不变的同时，浙江还将在省级层面逐一制定力度更大的调出县专项支持政策，确保动态调整机制的正向激励作用。

位于衢州市柯城区的亚洲目前最大单体鲟鱼养殖基地

抒写羌塘大地上的传奇
——对口支援那曲市 30 周年

2024 年 6 月 1 日，西藏自治区那曲市的特殊学生收到一份"大礼"：在浙江援藏干部的协调努力下，"羌塘折翼天使委培计划"在那曲市第二特殊教育学校启动，标志着那曲市特殊学生区外就学模式的正式开启。今后，那曲市第二特殊教育学校每年将选派优秀的盲聋初中毕业生赴浙江省特殊教育学校继续学习，以帮助他们接受更好的教育。

2024 年是浙江对口支援那曲市工作正式启动 30 周年。30 年来，超过 600 名的浙江援藏干部人才前赴后继，忘我奋斗；超过 60 亿元的援藏资金注入羌塘大地，438 个援助项目落地生根……浙江从医疗、教育、基建、产业、人居环境等多方面着手，采用"组团式"帮扶、"互动式"合作、"精准式"对接等策略，把惠民生作为头等大事，帮助当地不断发展。

浙江省能源集团在那曲市海拔 4750 米的高寒缺氧地带建设的 50 兆瓦光伏储能电站

那曲市色尼区香茂乡小学孩子们在快乐奔跑。30年前，杭州市民筹集225万元善款，帮助当地建起了第一批希望小学

那曲市区繁华的浙江路

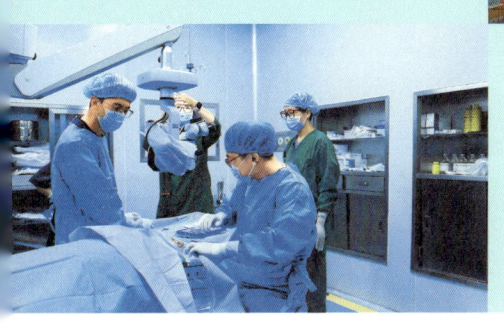

温州援藏医生带领那曲市嘉黎县的医务人员为患者进行手术

  近年来，浙江援藏干部在"组团式"援藏的基础上不断深化方式和理念，打造出一批"造血"项目。他们根据当地人外出打工难的困境，在浙江针对性地完善配套设施，为那曲百姓切实解决就业难题；他们撬动资源，发挥乘数效应，让更多的社会组织共同参与……一系列举措为当地的发展提供了持久的内生动力。

  一批批浙江援藏、援疆、援青干部人才接续而至，艰苦奋斗，用"浙"之所能回应"那"之所需，用丰硕的对口支援成果向时代作答，助力兄弟省区一道迈进中国式现代化新征程。

共富作示范

浙川相连，千里共情
——新一轮浙川对口合作走过3年

2021年6月，新一轮浙川对口合作工作启动。根据统一部署，浙江11个设区市的62个县与四川12个市（州）的68个县结对。2021年6月，155名浙江干部入川挂职；2024年6月，162名新一批援川挂职干部正式到位。3年来，浙江每年派出约1000名专业技术人才在川开展帮扶工作；援助四川财政资金共计约101亿元，平均每年34亿元；每年社会捐赠资金超过5亿元；实

四川省南充市嘉陵区之江小学的学生展示和浙江省临海市哲商小学学生的通信

四川省康定市第二中学为"十四五"期间浙江援建甘孜州文化教育支援类单体投资最大的项目

施帮扶项目2481个，帮助打造乡村振兴示范点125个和特色产业园区100个。

自2021年起，一项又一项浙江"千万工程"的宝贵经验，经过浙江挂职干部结合当地实际情况不断调适，变成了符合地方特点的"妙办法"，最终在四川125个乡村振兴示范点开花结果。浙江还通过兴办工坊带动就业，对接当地资源与浙江民营企业，推出从生产、运输到销售的帮扶链条等一系列有效措施，真正实现了"千万工程"花开千里之外。

除了育产业外，浙江同样注重帮扶对口地区的育人才，将"输血"转变为"造血"。3年来，浙江59所优质重点高中和44家医疗单位参与结对，13个县人民医院共建设重点帮扶科室48个，开展新技术、新项目100余项，多所学校高考录取实现零的突破。浙江累计引导40万人次四川劳动力来浙工作，并通过校企合作、校校合作、产教融合等方式，实施蓝鹰工程，帮助结对地区培养各类技能人才，为浙川两地发展提供技能人才支撑。

2024年，浙江深入推进浙川对口工作，开展了一系列专项活动。7月25日至30日，浙江组织举办2024"文旅筑梦·山海同心"浙川东西部协作（对口支援）文旅交流宣传活动，对凉山州的文旅资源展开公益宣传和推广。9月

在四川省剑阁县"帮帮车间"，员工们正忙着对来自浙江省温州市、义乌市等地的来料进行加工

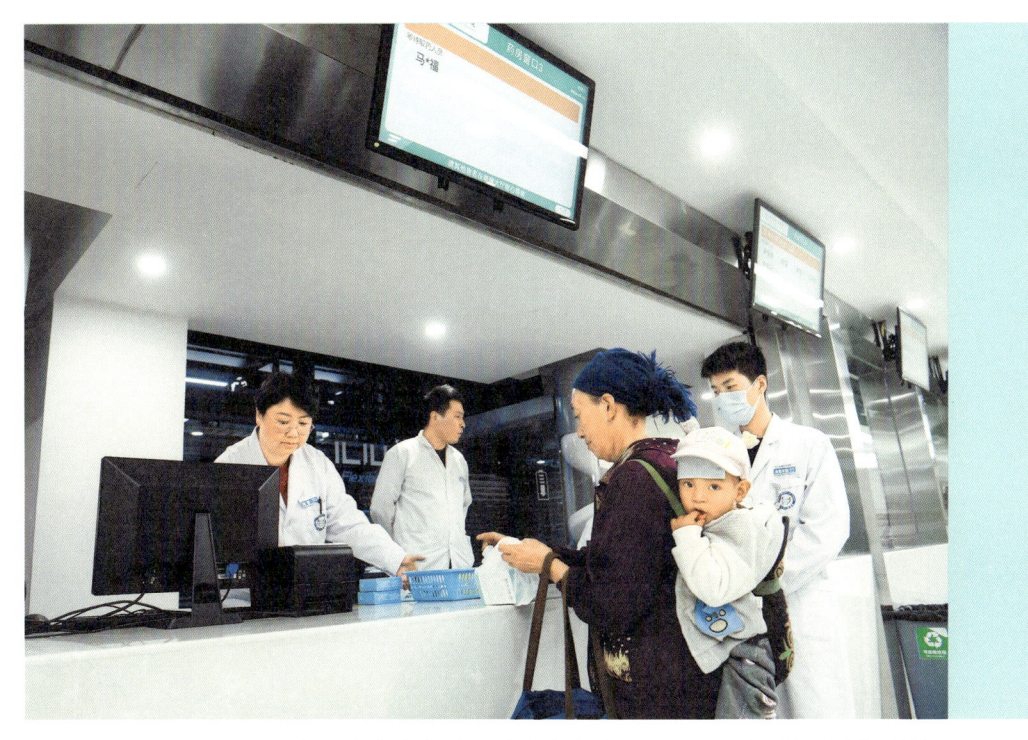

浙江省宁波市对四川省甘洛县人民医院开展"组团式"帮扶，帮助开创四川省凉山州首个新型区域医联体。图为当地就诊人员正在取药

20日至22日，第二届浙川数智化医院高质量发展大会在杭州市举办，浙川两地的多位顶尖专家和行业翘楚，共同探讨创新技术赋能医疗服务效率提升的最佳实践路径。9月29日，2024年阿坝州农文旅产品走进嘉兴专场推介活动成功举行。

浙江始终牢记习近平总书记殷殷嘱托，坚决扛起深化东西部协作和对口工作的使命担当，进一步加强劳务协作、深化产业合作、开展组团帮扶、深挖能源潜力，推动两省合作迈向更宽领域、更深层次、更高水平，努力打造更多认可度高、复制性强、实效性好、群众受益大的标志性成果，在奋进中国式现代化新征程上携手谱写浙川合作新篇章。

共富作示范

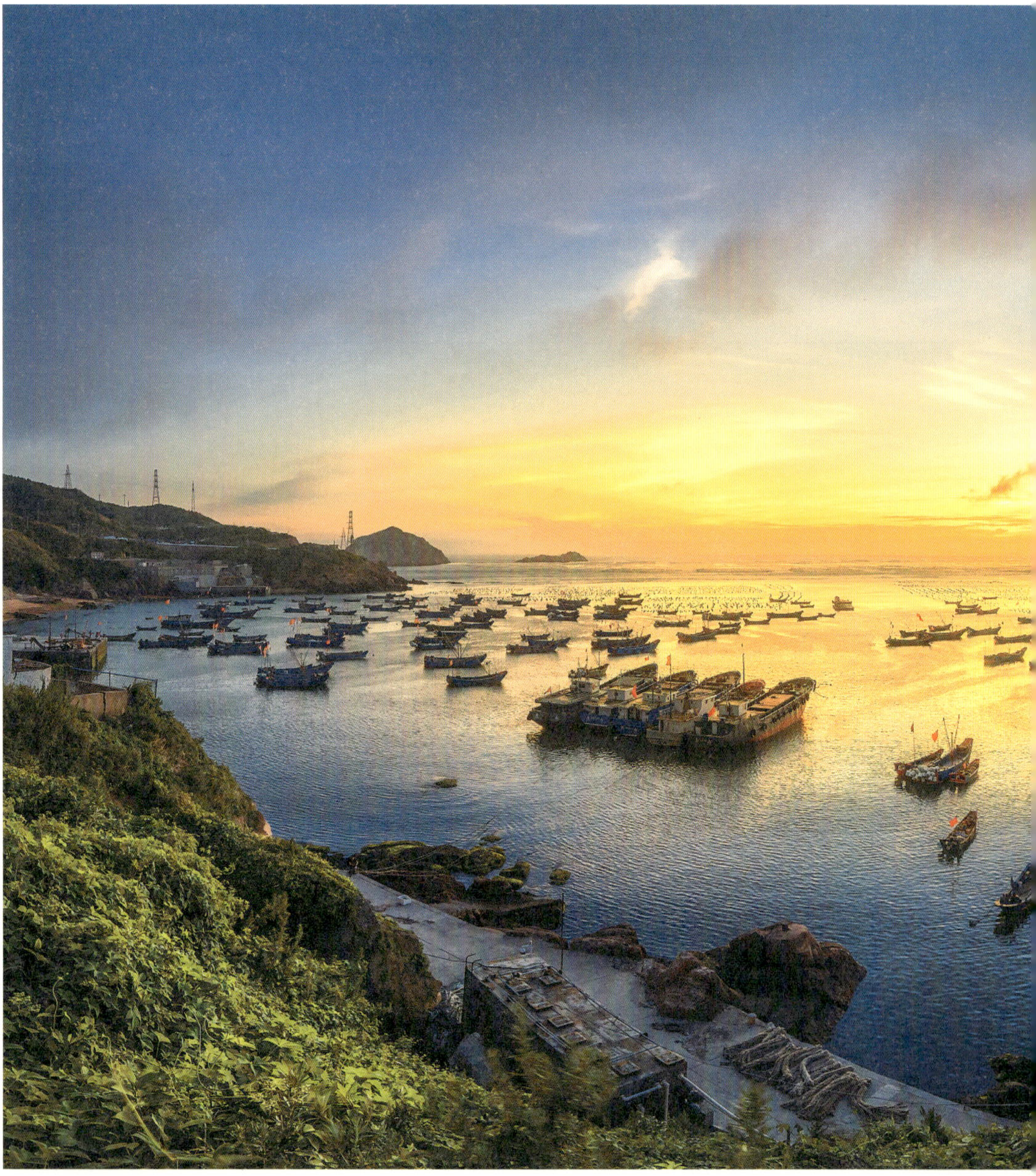

创新增动能

CHUANGXIN ZENG DONGNENG

惟改革者进，惟创新者强，惟改革创新者胜。创新，是蕴藏于之江大地中的深厚力量，是赋能浙江高质量发展的不竭动能，推动着浙江在加快推进高水平创新型省份和科技强省建设的时代征程上阔步前行。

为了提升政策保障的成效，浙江围绕外部新变化、市场新动态，及时对"8+4"经济政策体系进行迭代升级，着力提高政策实施的精准度、实效性，为全力拼经济提供更有力的政策供给和更强劲的要素支撑。

为了完善科技创新体系，浙江以"拼"的精神、"闯"的劲头、"实"的作风，厚植创新文化土壤，加速形成有活力的科技创新氛围，充分释放每一个创新主体的内在力量，让人才成长和科技创新拥有天高任鸟飞的广阔空间。

风好正是扬帆时，奋楫逐浪天地宽。在催征的号角声中，浙江以爬坡过坎的韧劲、只争朝夕的精气神，奋力打造"创新浙江"的鲜明标识，逐步将"科技创新强、产业能级高、创新主体活、创新生态好"的美好蓝图变为现实。

全力拼经济的"组合拳"
——迭代升级"8+4"经济政策体系

2024年1月30日,浙江省政府召开新闻发布会,全方位介绍了浙江2024年的"8+4"经济政策体系。其中,"8个政策包"继续关注科技创新、"415X"先进制造业集群培育、现代服务业高质量发展、世界一流强港和交通强省建设等重点领域;"4张要素保障清单"从财政金融、自然资源、能源、人才等角度,为政策精准高效落地提供支撑。

自2023年实施以来,"8+4"经济政策体系取得了良好成效。2024年,

位于湖州市南浔区的长三角高层次人才科创基地

嘉兴市南湖区和丽水市遂昌县召开制造业高质量发展结对促共富示范创建推进会

浙江坚持"框架不变、总体稳定",聚焦聚力提升政策引导保障成效,对"8+4"经济政策体系进行迭代升级,提高政策实施的精准度、实效性,为全力拼经济提供更强劲的政策供给和要素支撑。

政策落实方面,整个"8+4"经济政策体系以"1+N"的形态呈现。其中,"1"指综合性政策,即《关于进一步推动经济高质量发展的若干政策》,"N"则是若干配套的政策文件。为进一步加强政策工具创新和协调配合能力,浙江首次提出了通过"综合政策+部门配套文件+地方落地方案"的方式,确保各项政策能及时部署跟进、落地操作。

同时,浙江还推出 25 条投资政策,突出对重大项目的支撑能力、对民间投资活力的撬动能力和对要素资源的"应保尽保",围绕"315"科技创新体系建设工程,加大对关键核心技术攻关的补助力度,助力抢占技术制高点;集中财力重点保障高教强省建设,全面改善高校基础办学条件,强化科技教育人才一体化发展。

创新增动能　55

位于温岭市的全国首座潮光互补智能光伏电站年平均发电量超1亿度，大幅优化了当地能源结构

从2022年的"5+4"稳进提质政策体系，到2023年的"8+4"经济政策体系，再到2024年的"8+4"经济政策体系升级版，浙江围绕三个"一号工程"和"十项重大工程"，进一步强化了政策支持，以高质量政策引领高质量发展，推动浙江经济实现量的合理增长、质的有效提升，为全国大局勇挑大梁、多作贡献。

来衢州市衢江区求职的大学生入住青年驿站

位于台州市黄岩区北洋镇的高端模塑产业园

创新增动能 57

位于慈溪市的环杭州湾创新中心园区

塑造发展新优势
——完善科技创新体系

　　中共浙江省委十五届五次全会强调要完善科技创新体系，提出到2035年在科技创新、现代化产业体系、制度型开放等方面取得新的实质性突破，一体推进教育科技人才强省建设，吹响了浙江进一步向创新之巅攀登的号角。

　　浙江以创新文化涵养创新生态，强力推进创新深化，大力实施"315"科技创新体系建设工程，以科技创新塑造发展新优势，特别是以颠覆性技术和前沿技术催生新产业、新模式、新动能，发展新质生产力。近年来，高水平大学、新型实验室和技术创新中心、科技领军企业等战略科技力量加速崛起，科技创新硬核实力不断增强，蕴含着"浙江特色"和"科技范儿"的科技成果不断涌现。浙江大力弘扬科学家精神，厚植人才成长沃土，加快形成各类人才创新活力竞相迸发的生动局面。

浙江坚持把制度优势转化为创新优势。从《关于深化项目组织实施机制加快推进关键核心技术攻坚突破的若干意见》，到《关于加快构建市场导向的科技成果转化机制的意见》……一份份改革文件的接续出台，标志着深化科技创新全链条体制机制改革进程在浙江开展得如火如荼：围绕推动高能级科创平台高质量发展，推进十大机制改革；围绕关键核心技术攻坚突破，以三大举措深化项目组织实施机制，加快提升攻关体系化能力；围绕加快科技成果转化，完善四项机制，提高科技成果转化和产业化水平。

东海实验室科研人员对水下航行器和水下声学设备进行海试联调

甬江实验室科研人员

新时代新征程，浙江将深入贯彻党的二十届三中全会精神和全国科技大会精神，对标落实"在以科技创新塑造发展新优势上走在前列"的重要指示，强化战略规划、政策措施、科研力量、重大任务、资源平台、区域创新等六方面的统筹，以钉钉子精神深入推进科技体制改革，加快构建支持全面创新体制机制，为破解新的"成长的烦恼"，实现再突破、再提升、再上新台阶提供强劲科创动能。

舟山新城

绍兴柯桥印染产业工程师协同创新中心举办系列协同创新活动

创新增动能　61

杭州技师学院的空客A320教具

用顶呱呱的学校培养香喷喷的人才
——加快构建现代职业教育体系

2024年1月22日,浙江省委办公厅、省政府办公厅印发《关于加快构建现代职业教育体系的实施意见》,旨在切实提高职业教育的质量、适应性和吸引力,为浙江"勇当先行者、谱写新篇章"提供强大支撑。

职业教育是浙江教育的优势领域。近年来,浙江在加快培养高素质技能人才方面加大力度,出台了一系列支持政策,但目前的高素质技能人才培养还不能很好地适应浙江经济的快速增长和新质生产力发展的要求。加大对职业教育的支持和投入,加快培养适应经济社会发展的各类高素质技能型人才,是推动浙江经济高质量发展的有力手段之一。

当前浙江的职业教育进入改革深水区,该实施意见放眼经济社会发展,思考职业教育如何赋能共同富裕先行和省域技能型社会建设,提出到2035年全面建成职普有效融通、产教深度融合、科教创新融汇的现代职业教育体系。

浙江牢牢把握当前产业发展变化速度快的趋势,对职业学校的专业设置提出了适应性要求。2024 年，全省有 37 所学校新增设高等职业教育专科专业点 76 个，调整撤销专业点 41 个，全省拟招生专科专业备案总数比 2023 年增加 35 个。新增设专业中，增加最多的是电子信息大类，涉及 15 所学校，集中在物联网应用技术、人工智能技术应用、区块链技术应用、虚拟现实技术应用等 13 个专业。

未来，浙江在支持高职高专院校升本的同时，还将多形式扩大本科职业教育规模，如支持示范性高水平高职院校和符合条件的应用型本科高校申办职业教育本科专业。聚焦数字经济核心产业制造业、高新技术产业、战略性新兴产业，浙江将持续探索区域中高职一体化人才培养改革。

德清县新市职业高级中学学生参加蚕花庙会

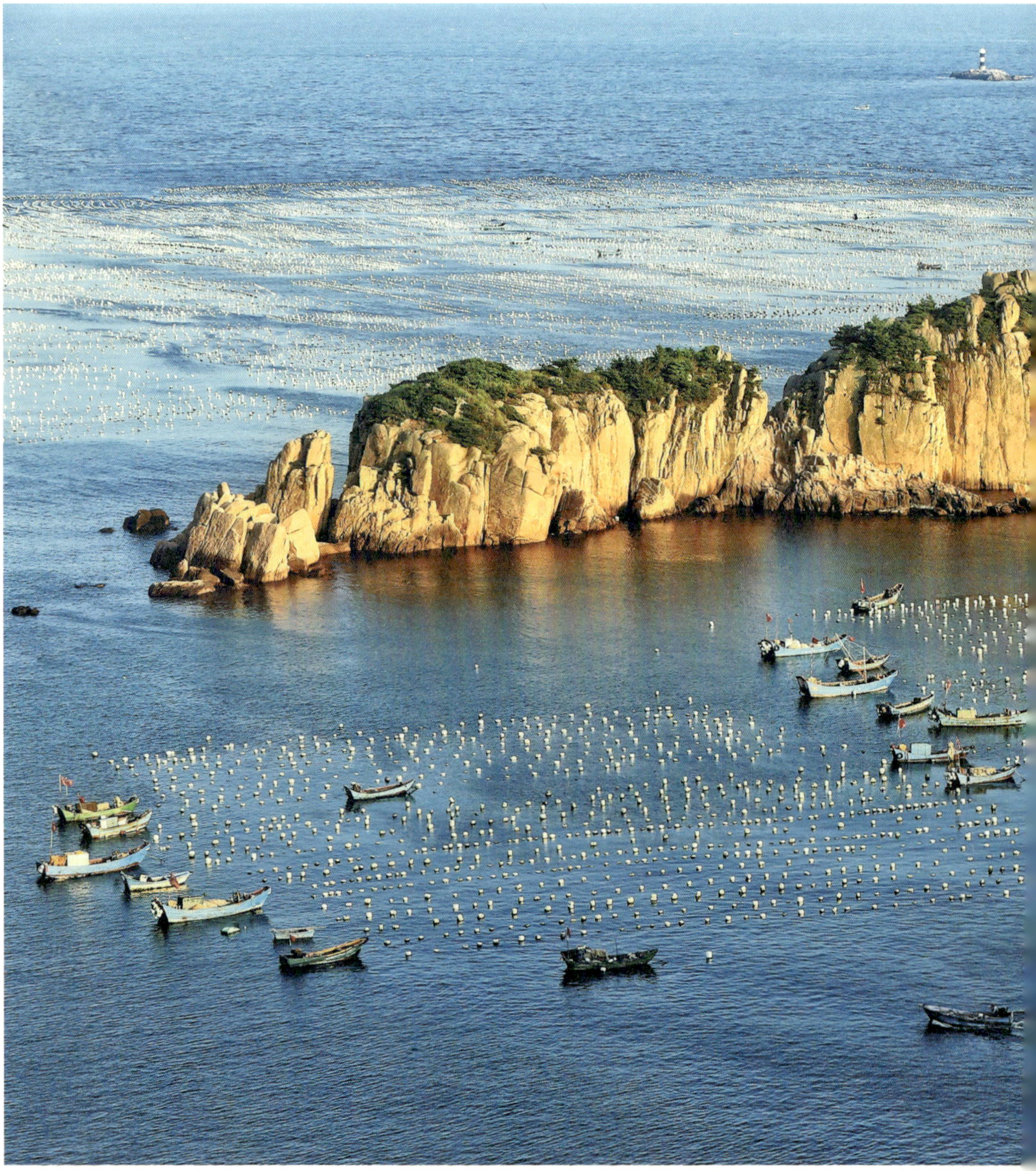

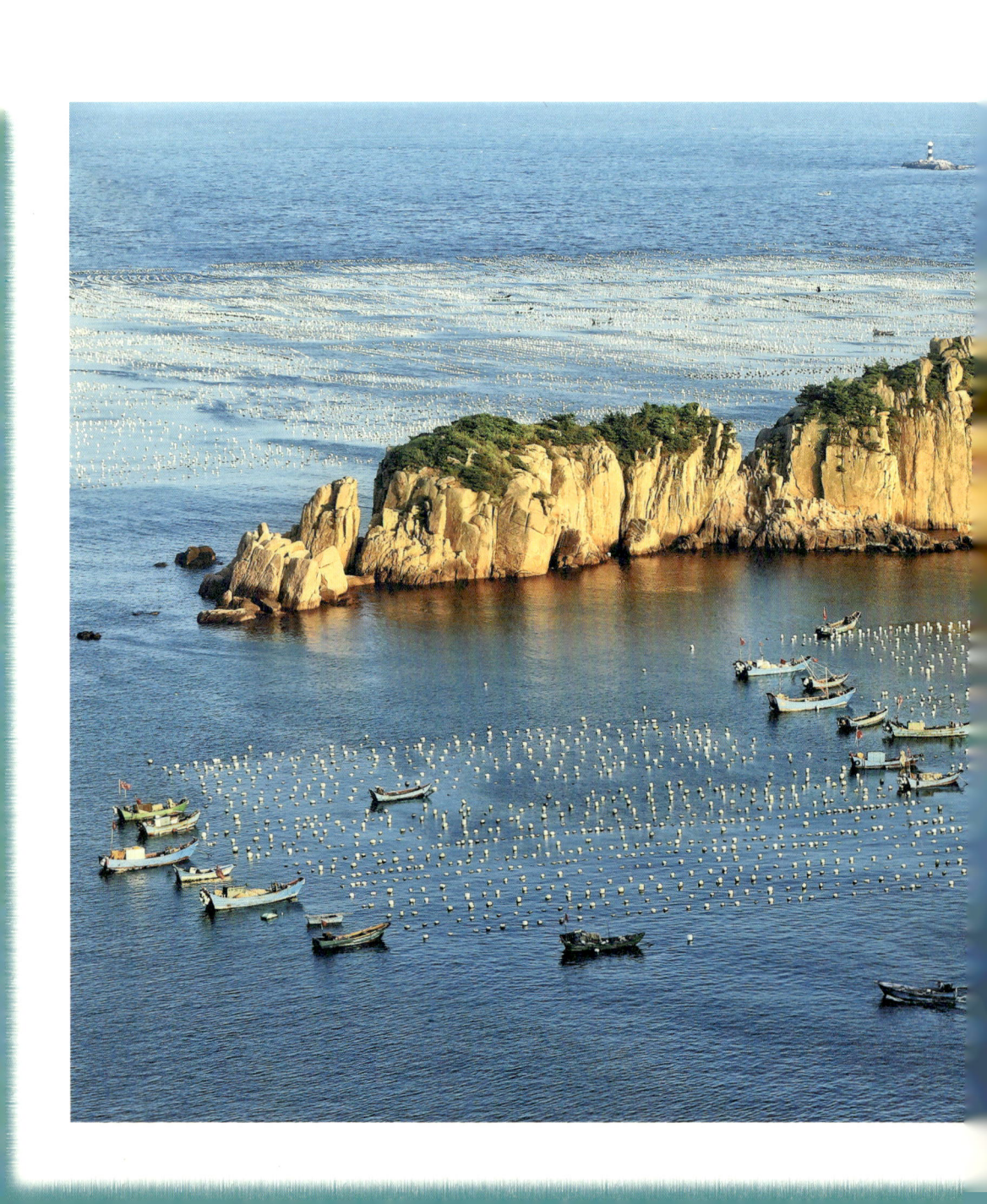

改革优环境

GAIGE YOU HUANJING

治国有常，利民为本。浙江始终把提升企业和群众的满意度作为出发点，致力于构建更加开放、包容、便捷的发展环境。而实现浙江经济的高质量发展，靠的正是真真切切回应群众的热切期盼、扎扎实实落地精准的惠企政策、实实在在解决发展的突出难题。

地区的繁荣离不开营商环境的持续优化，从打造一流营商环境的持续努力，到行政执法改革的全面深化，再到政务服务增值化改革的探索实践，浙江的改革之路从未停歇，不断推动着社会治理体系和治理能力的现代化。

在推动县域高质量发展方面，浙江秉持"特色发展、错位竞争"的理念，深挖各县（市、区）的比较优势，充分激发每一个县域单元的内在潜力，加速形成百花齐放的县域经济发展格局。

改革的动力源自"变"，成效显于"变"，未来在于"变"。奋进新时代，浙江既要系统谋划、统筹推进，又要突出重点、抓住关键，进一步探索新模式、新路径、新市场、新空间，进一步强化重大平台支撑能力，推进更大范围、更宽领域、更深层次的高水平发展。

湖州中小微企业智能制造产业园

阳光雨露，万物生长
——全方位打造一流营商环境升级版

2024年10月12日，全国工商联发布"2024中国民营企业500强"，浙江交出了一份十分亮眼的高质量发展成绩单——106家企业入围"中国民营企业500强"，109家企业入围"中国制造业民营企业500强"，19家企业入围"中国服务业民营企业100强"，87家企业入选"2024民营企业研发投入500家榜单"，100家企业入选"2024民营企业发明专利500家榜单"，且入围数量均居全国首位。

这些成绩的取得，与浙江一直以来精心呵护民营经济的发展息息相关。浙江以三个"一号工程"为牵引，全面加强"三支队伍"建设，提出"三个再""五个更"的目标要求。全省各级党委、政府秉持"营商环境只有更好、没有最好"的理念，始终与企业想在一起、干在一起，以政务服务增值化改革为牵引，持续打造一流的营商环境。

以改革"硬举措"优化"软环境"

2024年,浙江出台了多项改革举措,从政策层面予以强大支撑,推动营商环境不断完善。1月26日,省十四届人大二次会议审议并高票通过了《浙江省优化营商环境条例》,并于3月1日起正式施行。该条例的实施,为浙江打造营商环境最优省提供了有力的法治支撑。条例中不少都是对新兴领域的探索:如数据权益登记,企业综合服务专区汇集涉企政策,前移服务关口……一系列领全国之先的政务服务增值化改革举措,均在条例中得到了体现。

10月14日,浙江省建设世界一流强港领导小组办公室印发《浙江省优化港口营商环境改革方案》,营造市场化、法治化、国际化一流港口营商环境,进一步提升浙江港口货物进出口便利化水平,更大程度激发市场活力和社会创造力。该方案提出:到2025年,在港口营商环境领域形成一批全国领先的成果经验,营造效率最高、成本最低、服务最优的港口营商环境;到2027年,港口口岸环境、服务环境、外贸环境、商事环境全面优化,港口营商环境再突破、再提升、再上新台阶。

龙港市连续3年的"新春第一会"都聚焦营商环境

宁海县企业服务中心

打造服务型政府再深化

除了强有力的政策护航，作为一直致力于打造高效、透明、法治化营商环境的先锋省份，2024年，浙江不断提升服务效能，旨在吸引更多国内外投资，激发市场活力，为经济高质量发展注入强劲动力。尤其一系列政务服务增值化改革举措的提出和落实，对优化营商环境意义重大。

为进一步深化改革，把企业发展"路障"减在关键处，2024年5月21日，省委全面深化改革委员会第十次会议提出，要充分发挥政务服务增值化改革"关键一招"作用，加快打造更多具有浙江辨识度、全国影响力的改革标志性成果。8月8日，《浙江省行政审批中介服务事项清单（2024年版）》和《浙江省清理规范的行政审批中介服务事项清单（2024年版）》正式施行。

随后，浙江各级政府逐步开展行政审批中介服务规范提升专项行动，行动涵盖明确改革范围，通过"两张清单"和"十个不得"，重点解决体制机制不顺、收费高、耗时长、服务质量不高等问题，将政务服务增值化改革具体举措落到实处。

在法治层面，面对过去企业面临的多头执法、标准"打架"等问题，浙江以增值化改革理念破题，打出了一套提升行政执法质效的"组合拳"。2024

年，省司法厅推进法治服务领域增值化改革，具体内容则涵盖了立法、执法、司法、守法各环节，核心在于推动法治环境更加公平公正。改革过程中，浙江探索了许多全国领先的创新做法，如围绕"问题文件""违规协议""违法处罚"，以及聚焦破除地方保护和行政性垄断，出台全国首部行政合法性审查规章和全国首部公平竞争审查规章。

在企业发展所需的人才领域，浙江开展人力资源服务增值化改革行动，加速建设"浙江人力资源大市场"；依托市场资源，通过政务服务增值化改革，让政府、社会、市场三侧协同，建立多元主体参与的服务模式。

9月25日至29日，第三届全球数字贸易博览会在杭州举办。本届数贸会以"数字贸易 商通全球"为主题，突出"国家级、国际化、数贸味"，共有123个国家、地区和国际组织设展参会，1546家企业线下参展，3万余名专业客商采购洽谈，展览面积达15万平方米，累计入场观众超20万人次，达成一批重磅成果。

第三届全球数字贸易博览会浙江馆

精准施策，提升企业发展动能

扶企扶在关键处，助企助在点子上。在民营经济大省浙江，个体经济被视作"经济家底中的家底"，优化营商环境，必须重视对个体工商户的支持。2024年1月15日，《关于支持个体工商户转型升级为企业工作的实施意见》开始施行。该实施意见提出了12项举措，涵盖优化准入服务、实施税费扶持、强化金融扶持、加强不动产登记和社保支持等多个方面。该实施意见还提出，到2024年年底，全面建成全省"个转企"动态培育库，这在省内尚属首次，意味着浙江在"个转企"工作方面确立了长效推进机制。

企业发展离不开良好的市场环境，如何有效激发消费活力，为企业带去发展动能也是优化营商环境的重要一环。2024年，国务院印发行动方案，推动新一轮大规模设备更新和消费品以旧换新。浙江积极响应并出台若干举措，开展设备更新、消费品以旧换新、回收循环利用、标准提升"四大行动"，不仅有效刺激市场消费，更为企业带来了发展机会。此外，浙江各级政府还出台多项举措促进消费、开拓市场，从根本上为企业经营提供支持。如在开展

玉环市楚门镇村级小微产业园区

舟山市企业综合服务中心

建德市梅城镇综合行政执法队走进企业，为企解难

义乌市市场监管局佛堂监管所工作人员向个体工商户介绍"个转企"相关政策

秋季文旅消费季活动期间，推动省市县三级联动、线上线下融合，通过发放文旅消费券等形式，既"惠民"更"惠企"。

11月28日，由省委、省政府主办的第七届世界浙商大会在杭州举行，来自海内外的浙商满怀浓浓家国情、拳拳赤子心，相聚家乡、济济一堂，共叙桑梓情谊、共谋发展大计、共话美好未来。

企业所盼，浙江所为，未来浙江还将加大力度营造法治化、市场化、国际化的一流营商环境，激发民营企业更多新活力，创造经济高质量发展新动能。

改革优环境

改革，向新蓝海再出发
——擦亮政务服务增值化改革金名片

2024年2月1日，《关于推进政务服务增值化改革的实施意见》首次向社会公开发布。同月18日，浙江省委召开"新春第一会"，强调要全面推进政务服务增值化改革，并部署实施人力资源服务增值化改革行动。5月21日，省委全面深化改革委员会第十次会议提出，充分发挥政务服务增值化改革的"关键一招"作用，加快打造更多具有浙江辨识度、全国影响力的改革标志性成果……

一次次强调背后所传达的，是浙江坚定推行政务服务增值化改革，牵引撬动营商环境再优化、改革攻坚再突破的决心。政务服务增值化改革，是贯彻落实习近平总书记关于优化营商环境重要论述的浙江实践，是营造市场化、

仙居县企业综合服务中心为企业提供"引领贷"，赋能增值服务

衢州市政务服务中心

湖州市吴兴区童装产业合规中心的法治增值服务

法治化、国际化一流营商环境的"关键一招"。从研究谋划到试点先行，再到全省推开，浙江的政务服务增值化改革已取得阶段性成效，并进入质效提升新阶段。

2024年，浙江继续以政务服务增值化改革为牵引性抓手，深入实施营商环境优化提升"一号改革工程"，做优政务、法治、市场、经济生态、人文五大环境，以此引领撬动各领域的体制机制创新。这项改革的重点是打造进一扇门办各类事的新平台，创造数智赋能直达快享的新体验，拓展"高效办成一件事"的新场景，构建涉企问题高效闭环解决的新机制，塑造服务和监管融合的新形态。

相较于传统意义上的政务服务，增值化改革是一种新的生态，其为企业提供的"增值服务"是在基本政务服务便捷化的基础上，提供精准化个性化衍生服务。接下来，浙江将继续推进改革创新成果扩面成势，增强系统性、整体性、协同性，抓牢、抓实推动改革的关键环节和重点任务，打造更多的特色化成果。

杭州市钱塘区白杨街道开展农贸市场联合执法检查

精管善治，守护"大平安"
——"大综合一体化"行政执法改革

2024年2月6日，浙江召开全省"大综合一体化"行政执法改革推进会，以"大综合一体化"行政执法改革国家试点批复两周年为契机，全面总结改革阶段性成果，对纵深推进改革进行再动员再部署。

自2022年成为全国唯一的"大综合一体化"行政执法改革国家试点以来，浙江以"整体智治"理念，围绕优化行政执法领域政府职责体系和组织结构，让行政执法从审批、检查到处罚、监督评价等形成闭环，开启了规范执法新模式。

纵向看，浙江在全省各级积极探索创新机制，在市级层面常态化运用"三书一函"制度（行政执法报告书、行政执法建议书、行政执法督办书、行政执法风险提示函）；在县级层面充分发挥"综合查一次"和执法监管"一件事"的黏合作用；在乡镇（街道）级层面完善下沉人员"县属乡用共管"机制。浙江通过将行政执法流程与"放管服"改革、"县乡一体、条抓块统"改革等重大改革衔接贯通，进一步放大改革的集成效应。

横向看，浙江整合多个执法主体形成合力，全面梳理涉及多个执法主体的相关事项，明晰责任，建立执法监管清单，统一执法队伍，构建起权责统一、权威高效的"整体政府"，对全省多个条线的行政执法队伍进行精简，精简率达50%以上；将1355个执法事项纳入全省统一的综合执法事项清单，覆盖62.5%的执法领域……

2024年5月，浙江率先推行"亮码检查"，把"亮码检查"作为行政执法公示制度的拓展延伸，要求执法人员实施现场检查时必须出示电子执法证和"行政行为码"；同时鼓励行政相对人通过扫码对检查行为进行评价，以此倒逼执法规范、减少随意检查，使得执法监管更加透明规范。

在大环境、大背景下，"大综合一体化"行政执法改革已不是一项单独的工作，而是政务服务增值化改革的重要组成部分，已成为浙江优化提升法治化营商环境的新赛道，推动法治政府和服务型政府深度融合。

湖州市"大综合一体化"实景教学

绍兴市越城区综合执法局队员开展"亮码检查"

改革优环境 77

嘉善县城一景

探路县域高质量发展
——嘉善示范点建设经验

2024年3月28日,浙江嘉善县域高质量发展示范点建设工作现场会举行,全国各省、自治区、直辖市发展改革委,50多个县(市)代表参会。大会发布了一批嘉善县域高质量发展示范点建设经验,由国家发展改革委印发经验清单向全国推广。

2013年,嘉善成为全国唯一的县域科学发展示范点;2019年,全域纳入

长三角生态绿色一体化示范区嘉善片区全景

改革优环境 79

长三角生态绿色一体化发展示范区；2022年，成为全国唯一的县域高质量发展示范点。嘉善全面贯彻新发展理念，建设科创产业联动发展、城乡融合发展、生态优势转化、高水平开放合作、社会共治共享"五个先行区"。

近年来，嘉善针对县域发展中经济转型、城乡融合、要素流动、社会治理等领域的共性问题和突出难题，积极探索解决路径和可行方案，打造体制机制创新经验。本次发布的经验，涉及工业"低产田"改造机制、农业"标准厂房"经营模式、跨界水体联保共治机制、乡村绿色积分治理机制、县镇村一体化急救体系、线上线下协同的养老服务机制等县域发展的方方面面。

2024年，嘉善深入实施三个"一号工程"、建强人才"三支队伍"，并积

极推动成立县域高质量发展研究中心，加快形成嘉善县域高质量发展示范点建设年度蓝皮书等一批理论成果，打造更多可复制可推广的经验做法，努力展现中国式现代化的县域示范图景。

嘉善的示范点建设一路高歌猛进、迭代升级。如今，嘉善正朝着打造全国县域高质量发展典范的目标接续奋进，加快打造中国式现代化的县域新样板。以嘉善为样本，浙江将持续探索县域经济的高质量发展之道。

嘉善县西塘镇红菱村等6村全域土地综合整治与生态修复工程项目

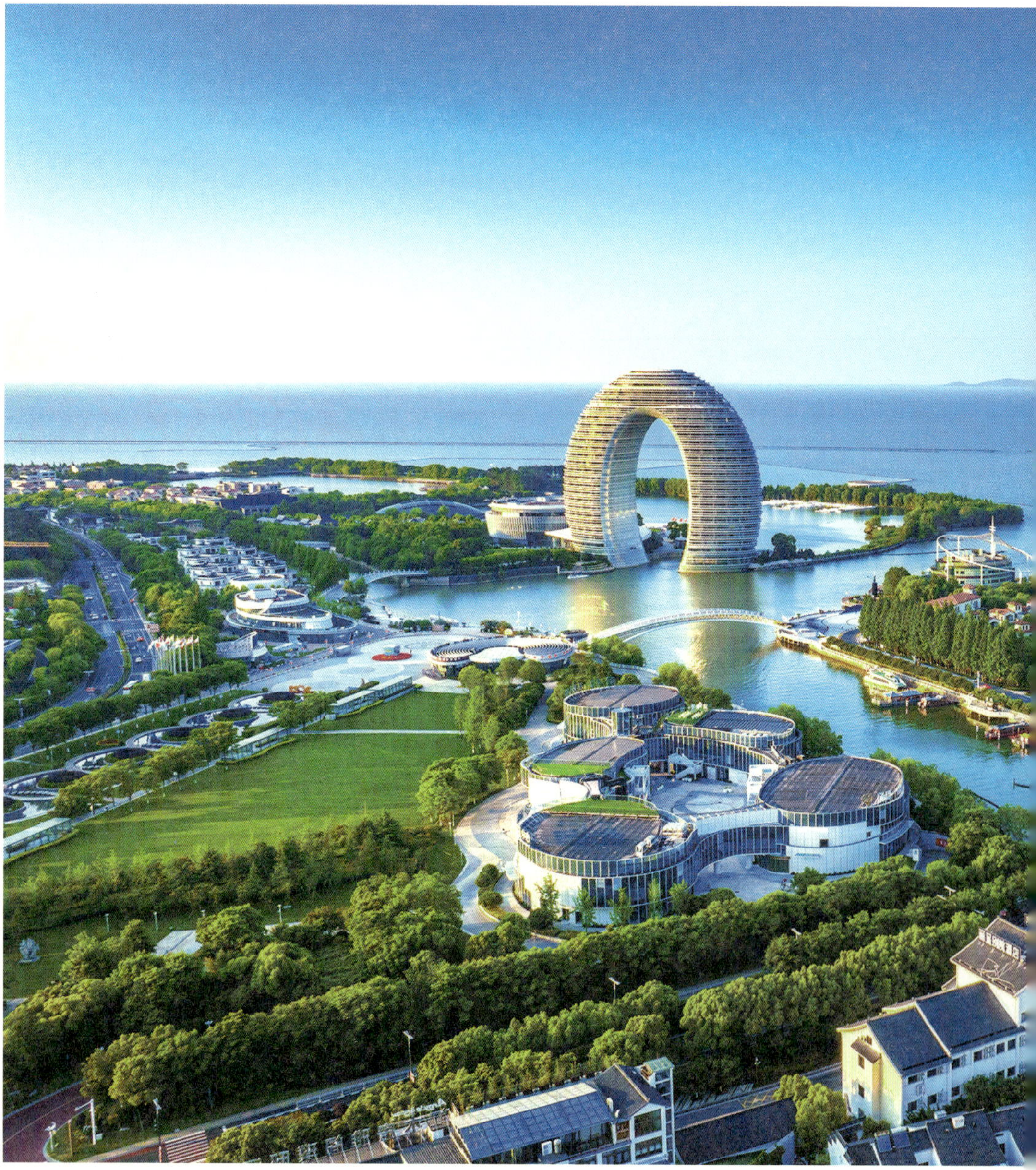

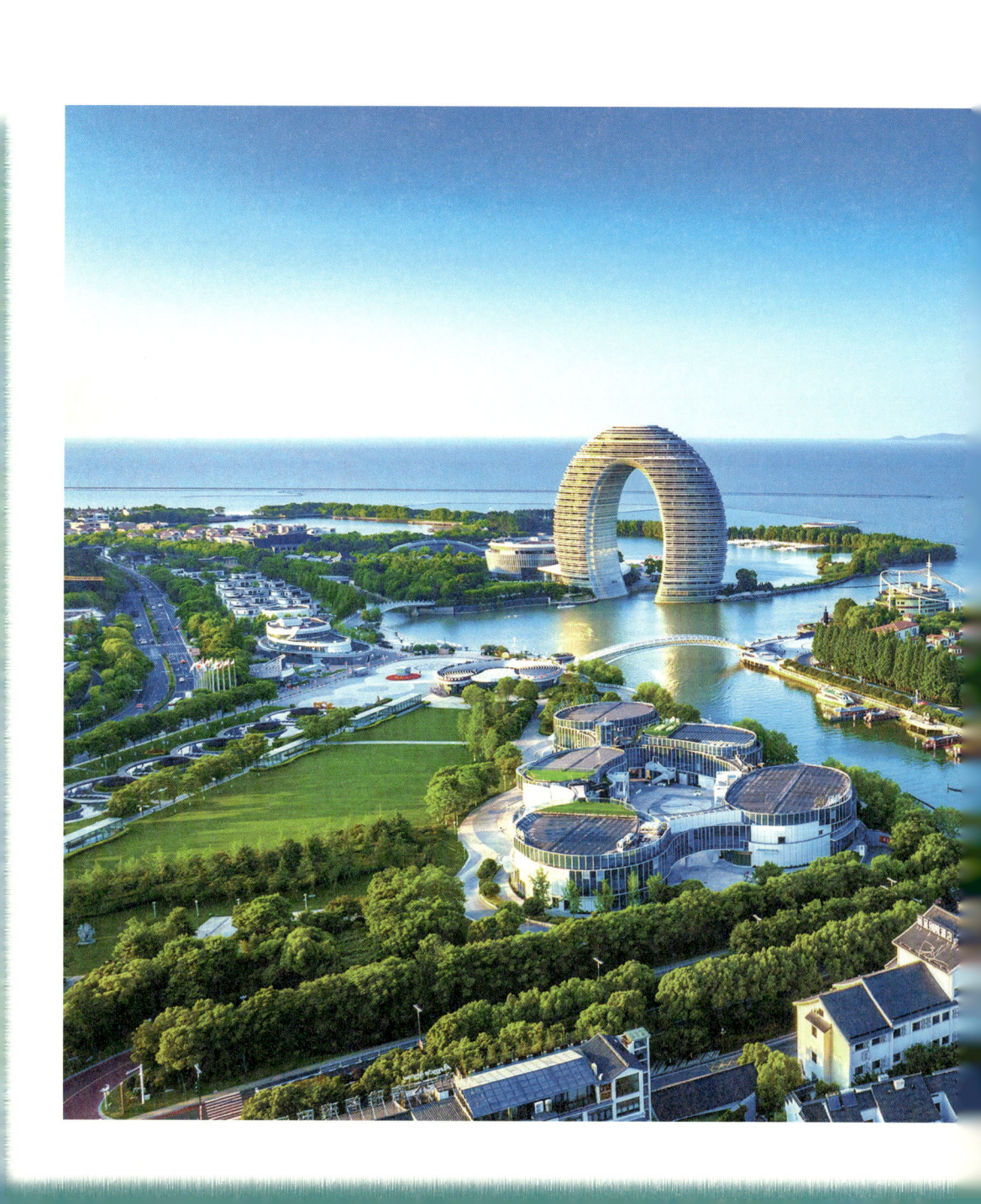

发展新格局

FAZHAN XIN GEJU

新的一年，浙江既注重对外开放和先进制造业的发展，也关注县域经济与区域协调、创新驱动与数字经济、生态文明建设以及社会民生等方面，发展格局进一步呈现出多维度、多层次、全方位的特点。

在融入长三角一体化发展方面，浙江抢抓区域协同新机遇、合作共赢新态势，以更加开放的姿态、更加务实的举措，深化与沪苏皖等地区的交流合作，加速构建协同高效的区域发展共同体。

在强化港口辐射能力方面，浙江紧跟全球贸易新趋势、航运新变革，持续对宁波舟山港进行功能优化和能级提升，着力增强港口的国际竞争力、影响力，为打造世界级港口集群提供更坚实的设施基础和服务支撑。

天地风霜尽，万象启新篇。面对千载难逢的机遇、千帆竞发的态势，浙江唯有继续奋力先行，勇担责任，方能不负历史、再创辉煌。

四手联弹协奏曲
——谱写长三角一体化发展新篇章

2024年6月6日，第六届长三角一体化发展高层论坛在温州市举行，多个首创成果亮相：沪苏浙皖三省一市首次联合发布2024年度长三角一体化发展实事项目清单，包含10项民生实事；首批12个长三角跨区域创新联合体成立，面向12个重点产业领域……

联合体由三省一市的科技部门围绕集成电路、生物医药、人工智能等重点产业领域，以重大科技攻关任务为牵引联合组建成立，协同开展产业关键

位于杭州市萧山区的长三角（杭州）制造业数字化能力中心

2024年6月6日，第六届长三角一体化发展高层论坛在温州市举行

核心技术联合攻关，加强科技创新和产业创新深度融合，共同培育发展新质生产力。联合体的成立，意味着长三角的科技创新迈入了跨区域协同时代。

7月25日，长三角区域合作办公室发布的《长三角地区一体化发展三年行动计划（2024—2026年）》，分别从加强科技创新和产业创新跨区域协同、加快完善一体化发展体制机制、积极推进高层次协同开放、加强生态环境共保联治、着力提升安全发展能力等9个方面，共提出165项重点任务。

自2018年长三角一体化发展上升为国家战略以来，三省一市已连续实施了两轮三年行动计划。第一轮的320项重点任务以及第二轮的217项重点任务，其完成率均在90%以上，达到了预期目标。本轮三年行动计划的发布，是长三角一体化发展的又一个新起点。三省一市将加快建设形成我国高质量发展样板区，力争在创新、协调、绿色、开放、共享等方面取得有效成果，有效发挥先行探路、引领示范、辐射带动的作用。

2024年是贯彻落实习近平总书记在深入推进长三角一体化发展座谈会上重要讲话精神的开局之年。三省一市牢牢把握高质量发展这个首要任务，持续推进创新链与产业链深度融合，携手打造强劲活跃的发展增长极，不断推动"蓝图规划"变为"现实画卷"，共同谱写出一体化发展的新篇章。

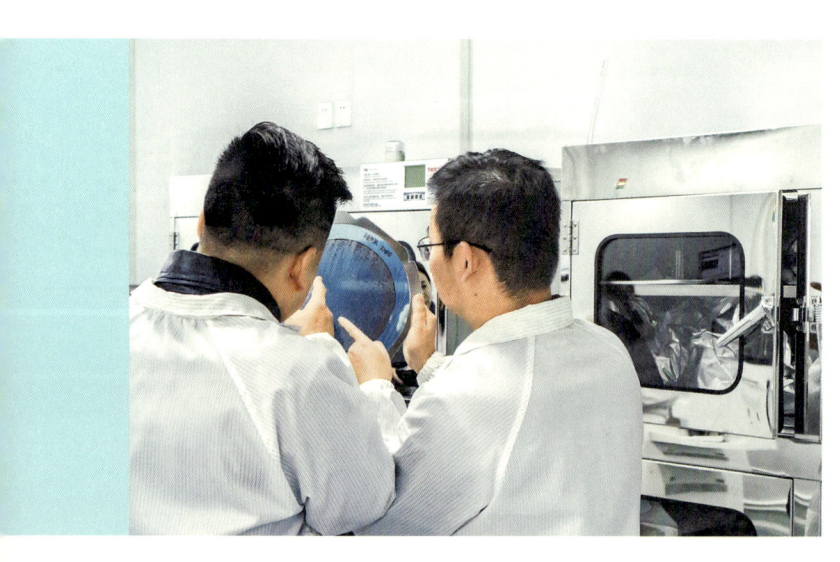

经慈溪（上海）科创飞地引进的宁波云图半导体有限公司内，技术人员在检验产品

中国（浙江）自由贸易试验区杭州片区滨江区块

深化打造全省域开放格局
——浙江自贸试验区提质扩面

2024年3月15日，浙江省商务厅、省发改委等9个部门联合印发《关于推动浙江自贸试验区制度型开放若干意见》，聚焦推动货物贸易创新发展、推进贸易无纸化、加快数字经济和数字贸易领域开放、探索推进跨境数据流动、优化营商环境等五方面，共提出30条措施，助力浙江深入推动制度型开放，建设更高水平的自贸试验区。

2024年是浙江自贸试验区全面提升发展的关键一年，围绕《中国（浙江）自由贸易试验区建设2024年工作要点》，重点推进"4+8+2"工作。

"4"是指在顶层设计上聚焦4个文件。一是全面推进实施《中国（浙江）自由贸易试验区提升行动方案（2023—2027年）》，率先落地国家层面关于自贸试验区提升战略的各项改革举措；二是重点在人才、数据、资本等新质生产力要素上推动体制机制创新；三是推进涉外法治体系建设；四是针对《浙江省自由贸易发展"十四五"规划》对扩区以来省级部门出台的政策开展系统评估，作为"十五五"规划前期研究的基础。

"8"是指在专项改革方面聚焦8个领域。一是围绕大宗商品资源配置能

北仑区是中国（浙江）自由贸易试验区宁波片区核心承载地

力提升，开展储备、加工、贸易、交易全产业链集成创新；二是围绕数据跨境安全有序流动，研究制定跨境数据流动负面清单，推动建立合规高效的数据交易体系；三是围绕深化义乌国际贸易综合改革试点，探索开展进口消费品正面清单管理改革等试点；四是围绕口岸通关便利化，推进入境特殊物品联合监管机制、跨境电商零售进口药械业务；五是围绕提升口岸服务和监管数字化水平，发展高端港航服务业；六是围绕推广跨境贸易投资高水平开放试点，扩大跨境人民币使用，促进新型离岸贸易发展；七是围绕构建与国际接轨的知识产权保护机制，加强国际知识产权仲裁和调解力量建设，深化数据知识产权制度改革试点；八是围绕先进制造业集群建设，重点推进新能源、新材料等先进制造业和未来产业制度创新。

"2"是指在项目合作上聚焦2个联动。一是提升省内联动，深化打造"自贸试验区＋联动创新区＋辐射带动区"的全省域开放格局；二是提升长三角联动，主办好第四次长三角自贸试验区联盟会议，务实推动长三角一体化油气交易市场、离岸贸易真实性审核平台等项目合作。

为保障"4+8+2"重点工作落地，浙江通过提升企业创新发展联盟、开展访学培训、推进课题研究等机制，加强浙江自贸试验区的"三支队伍"建设。下一步，浙江将持续推进自贸试验区提升战略的实施，谋划建设国际大宗商品贸易交易中心、国际大宗商品储运基地、国际大宗商品加工基地、国际海事服务基地等"一中心三基地"，打造大宗商品资源配置基地。

多规合一，擘画蓝图
——浙江的国土空间规划

2024年9月27日，浙江省十四届人大常委会第十二次会议审议通过《浙江省国土空间规划条例》。这是全国首部有关国土空间规划方面的省级地方性法规，为浙江的国土空间规划编制和实施提供了法治保障，也为国家的"多规合一"改革提供了浙江经验。

国土空间规划是国家空间发展的指南、可持续发展的空间蓝图，也是各类开发保护建设活动的基本依据。"多规合一"，指的是将主体功能区规划、土地利用规划、城乡规划等空间规划融合为统一的国土空间规划，实现"落实重大战略导向、布局结构优化方向、资源要素配置流向"的高度融合，真正做到一张蓝图绘到底。

杭州市萧山区盈丰街道标准化复垦农田里，金色农田与远处高楼大厦构成一幅美丽的城市田园丰收画

浙江省国土空间规划(2021-2035年)
02- 国土空间开发保护格局图

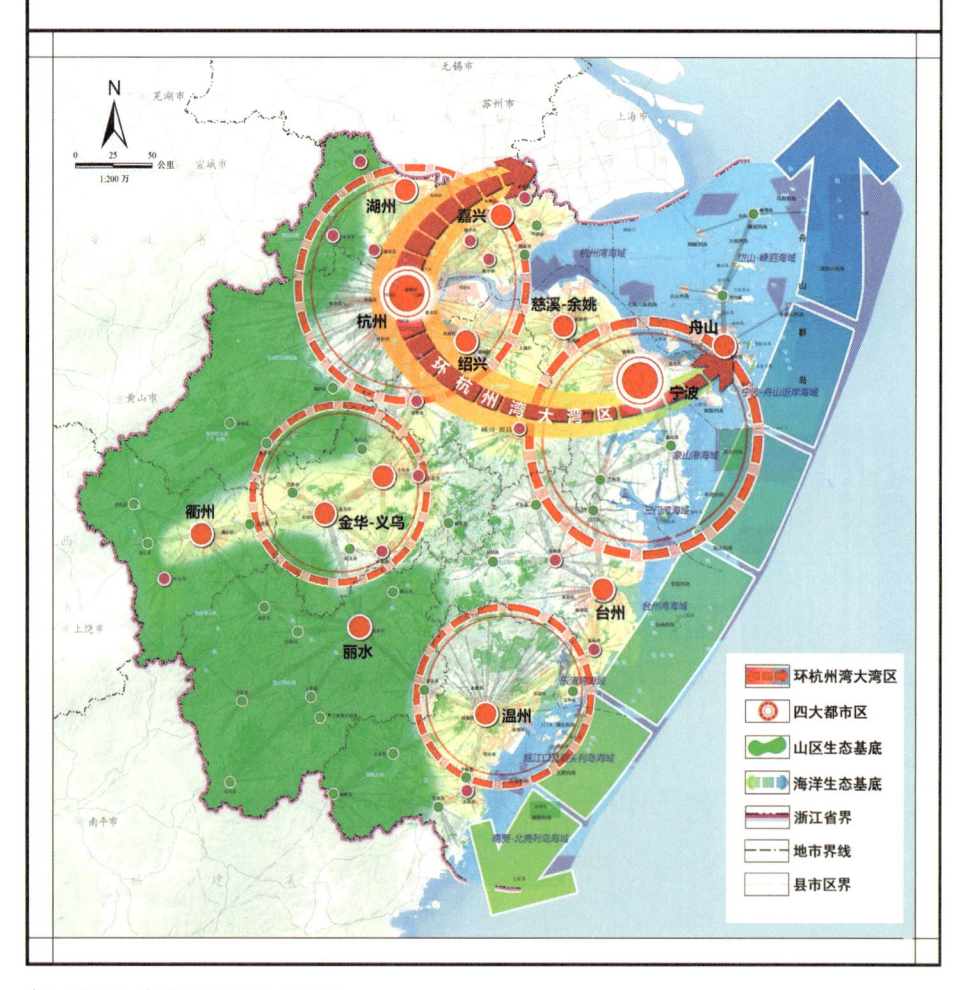

浙江省国土空间开发保护格局图

浙江是全国范围内最早开始探索"多规合一"的省份，在全国最早发布和实施城乡一体化纲要，制定县市域总体规划和村庄布局规划，自2014年以来积极参与国家的"多规合一"改革试点。随着"多规合一"改革的深入推进，国土空间规划管理体制、覆盖范围、规范对象、工作方式等都发生了很大变化，浙江亟须制定一部适应改革新形势新情况的国土空间规划综合性条例。

为此，浙江充分吸收在国土空间治理体系和治理能力现代化工作中的创新经验和做法，积极推动条例的立法工作和出台，促进"多规合一"改革成果法治化，发挥立法对改革的引领、保障和推动作用。

条例共7章82条，覆盖新时期国土空间开发保护从规划、建设到治理的全生命周期，为规划怎么编、如何修改、如何实施、怎样监督管理等提供系统性法治支撑。条例还与老百姓的日常生活密切相关，如第23条将交通、能源、水利等基础设施，教育、医疗、养老、殡葬、文化、体育等公共服务设施以及生态环境保护、文物保护、城市更新等专项规划根据需要列入清单管理，更大程度地保障老百姓的权益。

未来，浙江将全面对标"勇当先行者、谱写新篇章"的新使命新定位，加快打造国土空间治理省域样板：到2029年，完成"建立健全国土空间用途管制和规划许可制度"的改革任务；到2035年，实现"国土空间开发保护新格局全面形成"的奋斗目标。

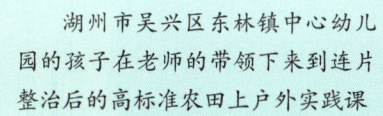

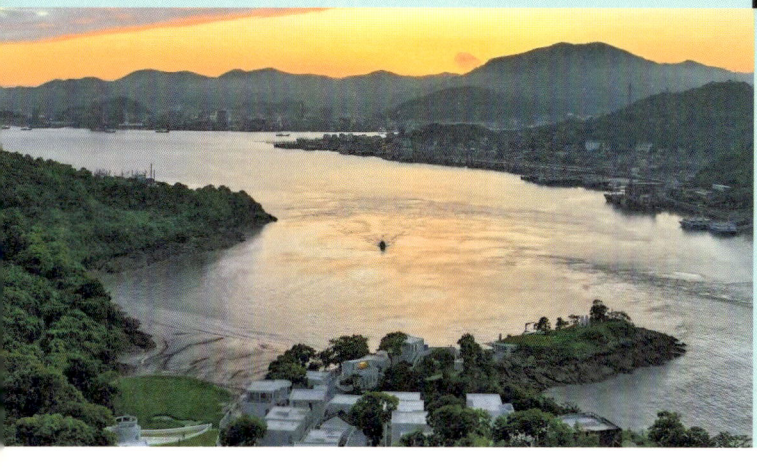

湖州市吴兴区东林镇中心幼儿园的孩子在老师的带领下来到连片整治后的高标准农田上户外实践课

象山县的美好生活主题海岛

迈向世界一流强港
——宁波舟山港跃上新台阶

2024年，随着第二个千万级集装箱泊位群梅山港区全面投运，宁波舟山港成为全球唯一拥有双千万级集装箱单体泊位群的港口。作为全球唯一一个年货物吞吐量突破10亿吨的超级大港，宁波舟山港为畅通全球物流链供应链提供了稳定支撑和前进动力。

宁波舟山港

近年来，宁波舟山港不断提升港口生产规模，完善基础设施和集疏运体系，大力发展多式联运，提升航运服务水平，强化智慧绿色赋能，港口发展全面提能升级，港口货物吞吐量连续15年位居世界第一。与此同时，紧跟世界贸易重心东移趋势，全球航运格局正在加速重构，宁波舟山港正抓住时代机遇，在国际航运中心擂台上大展拳脚。

面对全球航运线路受扰等挑战，宁波舟山港持续强化集疏运网络建设，向东出海，加强与国际干线船公司的合作，提升运力保障，全港航线总数持续保持在超300条的高位，连接着全球200多个国家和地区的600多个港口，

宁波舟山港金塘港区大浦口集装箱码头灯火辉煌，作业繁忙

覆盖全球航线网络，全力服务全球客户。

宁波舟山港还深耕国内腹地市场，打造更为高效畅通的物流节点和体系，2024年新开行"派河—宁波舟山港"等班列，辐射全国16个省（区、市）65个地市，有效衔接中西部广大腹地区域；不断拓展海河、江海联运网络，业务辐射范围扩展至华中地区，并成功首航"舟山—重庆"江海直达航线，促进水陆货物运输均呈增长态势。

面朝繁忙的太平洋主航道，借力海铁、海河、江海等多式联运，宁波舟山港不断织密集疏运网络，形成了北接古丝绸之路、中汇长江经济带、南连千里沪昆线的三大物流通道。下一步，宁波舟山港将锚定"2027年基本建成世界一流强港"的总目标，全面增强港口核心竞争力、聚合支撑力、辐射带动力。

"七兄弟"拼出新动能
——省级新区取得亮眼成绩

2024年4月2日,浙江首个省级新区——杭州钱塘新区迎来批复5周年纪念日。至2024年,浙江省级新区总数已增至7个,分别是:杭州钱塘新区、温州湾新区、湖州南太湖新区、宁波前湾新区、绍兴滨海新区、金华金义新区、台州湾新区。

浙江依据各个省级新区自身的优势,精准把握各新区的定位,赋予其不同使命:钱塘新区和前湾新区被赋予"世界级"重任,分别聚焦智能制造和先进制造;南太湖新区、金义新区和温州湾新区等3个新区被赋予"全国性"使命,分别聚焦"绿水青山就是金山银山"理念转化、国际贸易和民营经济;钱塘新区、南太湖新区、前湾新区、台州湾新区、温州湾新区等5个新区被赋予"长三角"区域使命,分别聚焦融合发展、区域发展、一体化发展、民营经济和先进制造,以及从大湾区、省域等范畴进行定位。

宁波前湾新区里的极氪汽车未来工厂内,新能源汽车生产一派繁忙景象

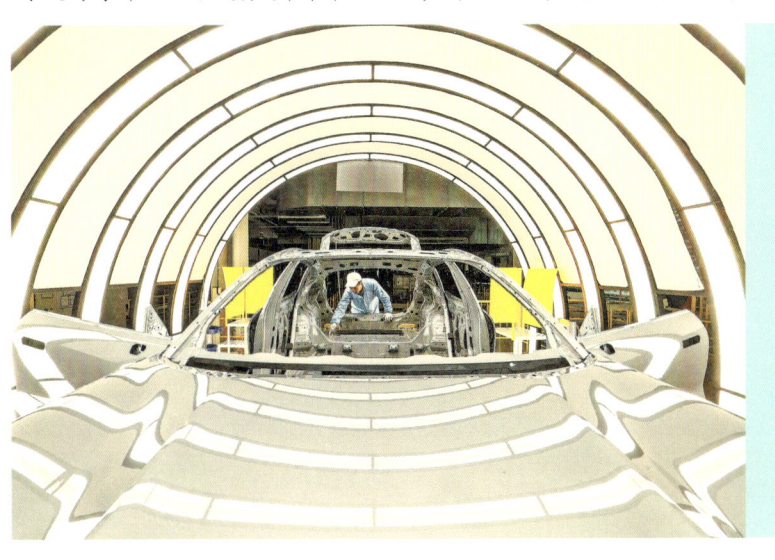

至2024年，7个省级新区均在各自定位的领域取得了丰硕成果。例如：前湾新区瞄准"新能源汽车之城"，不断推进智能硬件、智能电池管理等方向的技术攻关；钱塘新区注重有前景的细分产业，深耕合成生物、元宇宙等未来产业；台州湾新区正在飞向万亿级"空天产业"，特别是2024年3月27日台州湾新区机场的启用，为发展低空经济提供了支撑；温州湾新区探路增值化改革，按照"线上淘宝＋线下超市"的思路，让企业办事像网购一样方便。

未来，浙江的省级新区作为浙江推进区域经济协调发展的重要抓手，将继续在践行区域发展战略上承担作为，突出主导产业优势，增强新区科技和产业竞争力，多措并举扩大有效需求、深化重点领域改革，积极参与区域、全国乃至全球的经济竞争和合作，为提高浙江经济发展的影响力作出更大贡献。

湖州南太湖新区长三角人才服务中心

金义东市域轨道交通项目

发展新格局 99

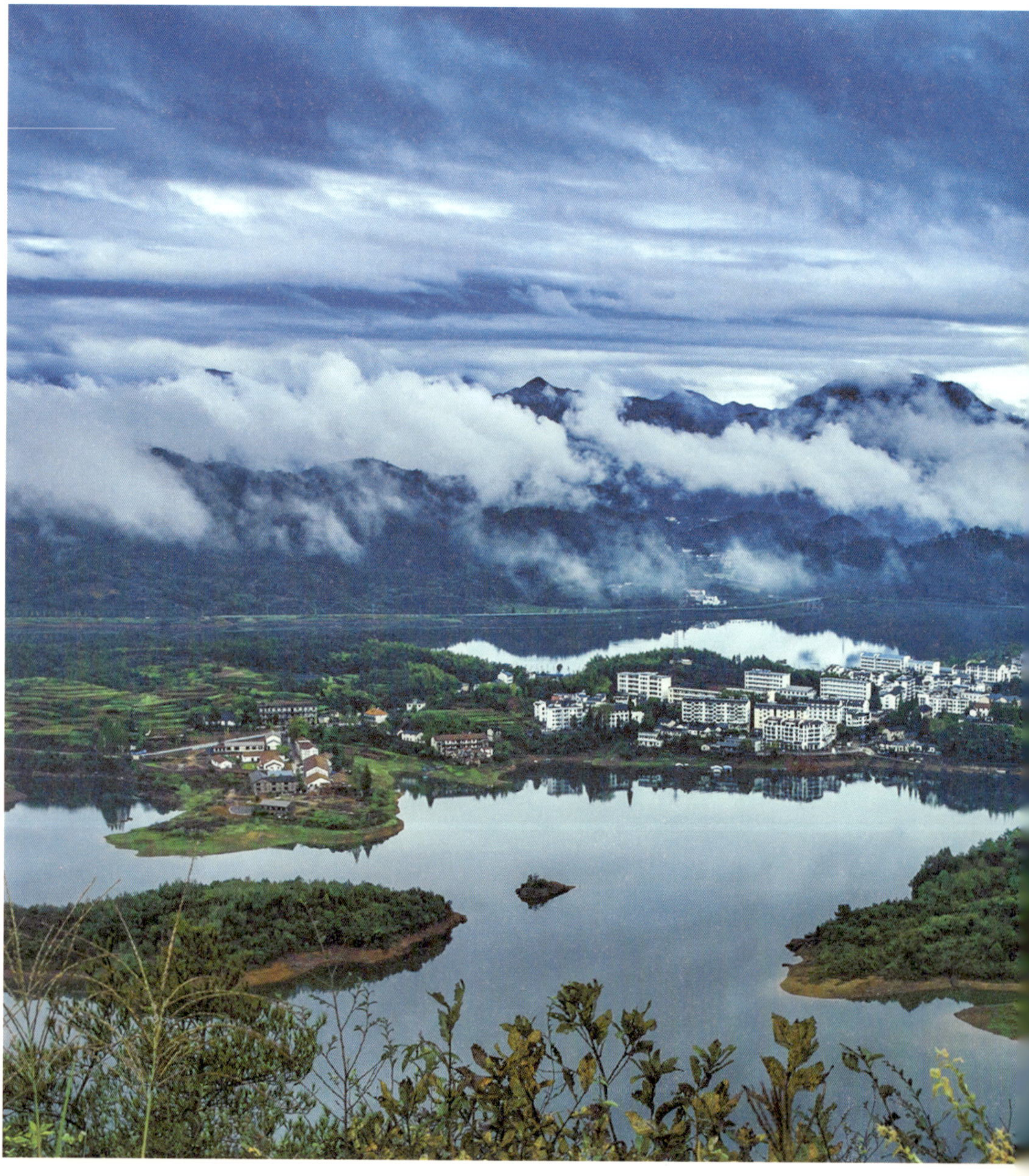

治理创优享

ZHILI CHUANG YOUXIANG

习近平同志在浙江工作期间亲自开篇点题、谋划推动平安浙江建设这一重大决策部署,开启了平安中国建设省域先行探索实践之路。20年来,浙江以"大平安"理念为统领,坚持和发展新时代"枫桥经验",进一步强化经济社会领域风险防控,压实责任、协同作战,完善闭环管控机制,不断夯实平安建设的基层基础。

"善政不如善教之得民也。"2018年以来,浙江直面区域差距、城乡差距、校际差距的难题,在省域层面密集出台政策,高质量推进基础教育扩优提质工作,开创了教育共富的时代新局。下一步,浙江将加强教育资源前瞻性布局,进一步推动学校建设标准化、城乡教育一体化、师资配置均衡化,整体

推进基础教育优质均衡发展。

突出共建共享，推动发展模式由"单一作战"向"抱团发展"转变，是浙江加快民族地区高质量发展的新路径。景宁县栉风沐雨四十载所取得的成就，不仅是全县上下开拓进取的努力结果，也得益于念好"山海经"、唱好"协作曲"结出的累累硕果，由此走出了一条山区县高质量发展共同富裕特色之路。

风正时济，自当破浪扬帆。浙江将立足平安浙江建设20周年新起点，积极探索具有浙江特色的新时代基层社会治理之路，不断开辟高水平推进省域治理现代化的新境界，为"中国之治"迈向更高境界贡献更大的浙江力量。

"应急使命·2024"超强台风防范和特大洪涝灾害联合救援演习现场

从"一方平安"到"长治久安"
——平安浙江建设20周年

2024年4月7日,平安浙江建设20周年大会召开,全面总结回顾平安浙江建设历程,分析当前新形势新挑战,谋划在更高起点上推进平安浙江建设。

2004年,浙江作出建设平安浙江、促进社会和谐稳定的重大战略决策,率先开启了平安中国建设在省域层面的实践探索。20年来,平安浙江、法治浙江建设一体推进,成果斐然:在2021年年底的首次平安中国建设表彰大会

上，浙江被授牌命名的示范市、县（市、区）数量居全国第一；近3年连续位列平安中国考核前三；2023年，11个设区市全部通过社会治理现代化全国试点验收……各类案事件持续下降，安全生产事故、道路交通事故、火灾等各项指标大幅走低；人民群众安全感满意率、法治浙江建设群众满意度逐年提升。

人民群众企盼生活幸福，幸福生活首先来自社会和谐稳定。2003年12月23日，浙江召开全省信访工作会议，省委、省政府把信访工作纳入平安考核，11个设区市的市委书记、市长签订了信访工作责任书。20年来，省、市、县三级领导及部门负责人共约15万人次下访接待群众，累计接待群众20余万批70余万人次，化解20余万件信访问题，群众满意率达85%以上。

湖州市环渚学校
开展防灾减灾演练

建设更高水平的平安浙江，数字化改革是"关键一环"。2024年9月19日，全国跨部门大数据办案平台提质增效试点工作推进会在杭州召开，浙江成为全国跨部门大数据办案平台提质增效唯一试点省份。同时，"全域数字法院""数字检察""公安大脑""浙江解纷码""移动微法院""11087·亲清在浙里"等，一个个数智融合的跨场景应用，正为平安浙江建设注入新的力量。从治安到"智安"，从管理到智治，平安建设与数字技术深度融合，牵引推动平安建设全方位变革、系统性重塑。

从平安浙江建设到努力建设平安中国示范区，浙江在"大平安"的大道上孜孜以求，沿着习近平总书记擘画的蓝图，一任接着一任干，以平安中国战略在省域层面的生动实践，成为中国经济快速发展和社会长期稳定"两大奇迹"的扎实例证。

杭州市钱塘区白杨街道邻里社区干部、居民代表、社区民警共商平安社区建设

杭州市民在家庭消防安全设备科普区了解消防用品知识

淳安县富文乡中心小学校舍

基础教育，扩优提质
——义务教育优质均衡发展

2024年5月14日，教育部公布2023年全国56个义务教育优质均衡发展县（市、区）名单。在这份名单里，浙江荣获了3个第一：有16个县（市、区）通过验收，数量位居通过此次验收的各省市之首；是唯一一个全省所有设区市都有义务教育优质均衡发展县（市、区）分布的省份；通过验收的16个县（市、区）中，有6个是山区县，还有1个是海岛县，这也是独一份的。

从全面普及到基本均衡发展，再到探索义务教育优质均衡发展，浙江的义务教育发展一直走在全国前列。2015年，浙江的全部县（市、区）就已通过义务教育基本均衡发展国家评估认定；2019年，嘉兴市海盐县、宁波市江北区成为全国最早通过国家评估认定且仅有的两个义务教育优质均衡发展县（市、区）；至2024年，浙江共有16个县（市、区）通过教育部义务教育优质

孩子们在永嘉县瓯忆文化博物馆研学

均衡发展县（市、区）的验收。越来越多的县（市、区）通过验收，体现了浙江在完善义务教育优质均衡发展上持之以恒的探索和突破。

此次通过验收的16个县（市、区），背后都离不开政府"一地一策"的支撑。浙江根据各县（市、区）的实际情况，采用"一地一策"模式帮助各地解决难题。如杭州市上城区等中心老城区，需要解决人口流入多、大量老学校场地局促的难题；岱山县这样的海岛县，需要根据人口不断迁出减少的现状，调整小规模学校的布局；而遂昌县等山区县，则需要在经济不太发达的现状下，为义务教育优质均衡发展创造条件。

2024年，浙江又向教育部报送了25个县（市、区），作为下一批国家级义务教育优质均衡发展县（市、区）验收对象。未来，浙江将进一步优化配置区域教育资源，提高整体教育质量，提升教育治理能力和治理水平，不断推进义务教育优质均衡发展，让老百姓"在家门口就能上好学"。

凤凰展翅，情满畲乡
——景宁畲族自治县建县 40 周年

2024 年 6 月 25 日，习近平总书记给景宁畲族自治县各族干部群众回信，肯定了景宁 40 年来发展取得的可喜成绩，提出"在中国式现代化进程中谱写畲乡景宁发展新篇章"的殷切希望。

1984 年 6 月 30 日，经国务院批准，景宁畲族自治县正式设立，成为全国唯一的畲族自治县和华东地区唯一的少数民族自治县。2002 年和 2005 年，时任浙江省委书记习近平同志两次到景宁县调研。其后，他多次作出指示和批示，勉励景宁跟上时代步伐。40 年来，特别是"八八战略"实施

美丽的景宁县

景宁县人民医院与浙江大学医学院附属第一医院结成帮扶对子，并挂牌为浙江省民族医院

以来，浙江全力支持景宁县高质量发展。

40年来，景宁县在文化、生态、工业等多个领域齐头并进，取得了可喜的发展成就。在文化领域，景宁县设立了民族文化发展基金，制定了《景宁畲族自治县民族民间文化保护条例》等规章制度，深入挖掘文化价值，持续打响文化品牌，推动民族歌舞、服饰、语言、习俗等的保护传承。在生态领域，景宁县立足"茶乡竹海"等优势，发展生态农业、生态工业、风情旅游，创新生态产品价值转化路径。在工业领域，景宁县明确了竹木加工、精密制造、畲医药大健康三大主导产业，先后招引落地沪特精密、"中国畲药谷"等重大项目。现在的景宁县，全县地区生产总值已迈上百亿元台阶，面貌发生了翻天覆地的变化。

景宁县域外，浙江还有18个民族乡（镇）和382个民族村。全省范围内，56个民族成分齐全，人口超过10万的少数民族共有7个。近年来，浙江着眼于全省生产力和人口的空间布局优化，通过山海协作，将沿海的发达地区与加快发展地区"结对捆绑",推动发达地区、加快发展地区携手共进、协调发展。

此外,浙江还聚力打造一批"同心共富"联盟,支持杭州、温州、金华、衢州、丽水等市本级以及泰顺、兰溪、衢江等7个民族工作重点县(市、区)的发展,强化资源整合,精准发力推动乡村集体和农户个人双增收。

浙江将持续深化新时代"千万工程",坚持加快少数民族和民族地区发展,持续激发民族地区内生发展动力,开展铸牢中华民族共同体意识示范省建设。如今的之江大地,各民族共同团结奋斗、共同繁荣发展,像石榴籽一样紧紧抱在一起。

浙江省民族团结进步小康村、省少数民族十佳特色村——景宁县澄照乡金坵村

2024年6月26日,景宁县鹤溪镇双后岗村初心讲堂,人们正在收看中央广播电视总台《新闻联播》关于习近平总书记给景宁县各族干部群众回信的报道

治理创优享 111

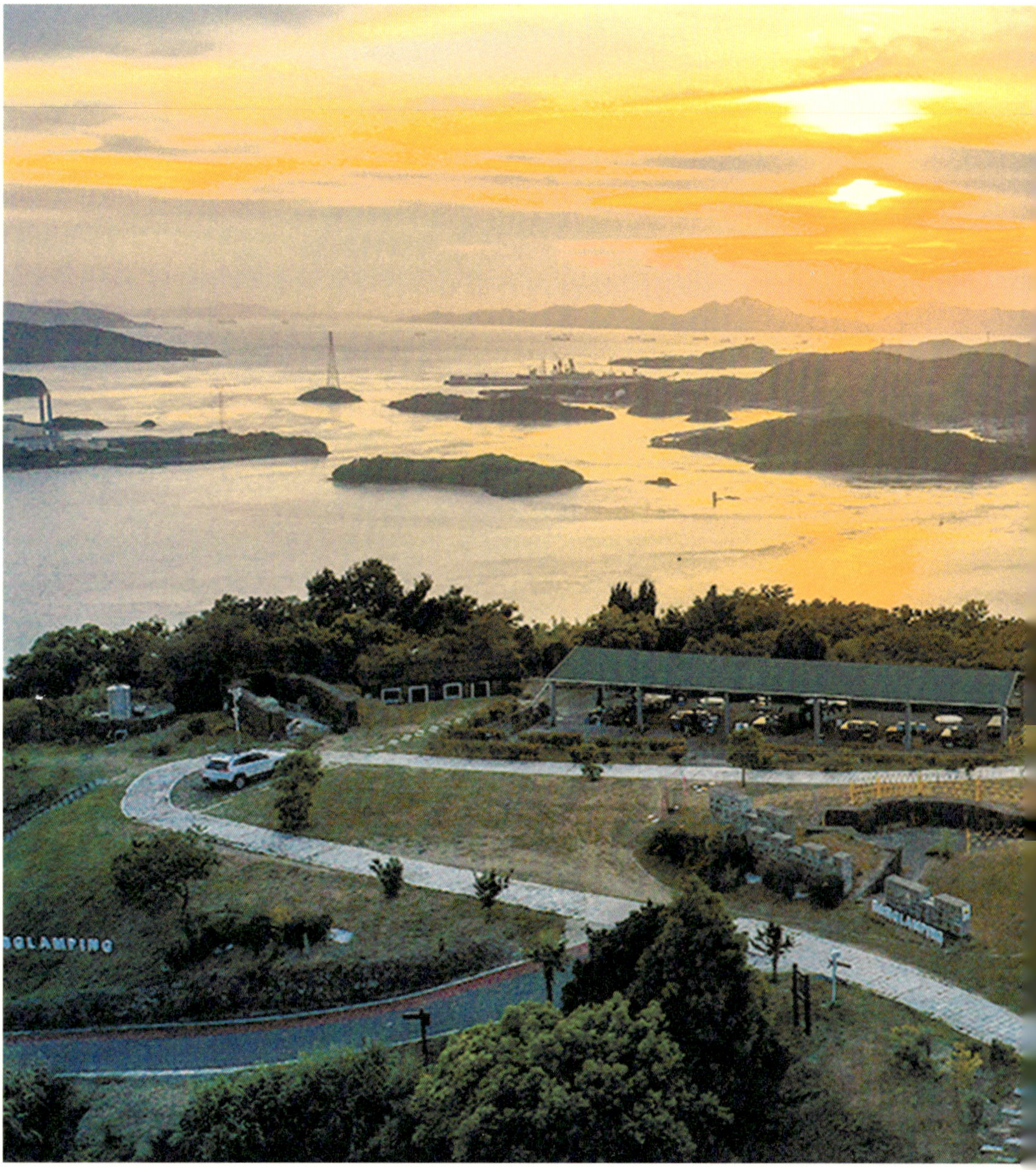

文化富精神

WENHUA FU JINGSHEN

近年来，浙江助推文旅资源穿珠成链、文旅产品提档升级、文旅业态丰富多元，"诗画江南、活力浙江"的品牌影响力显著增强，基本建成文化和旅游产业强省，成为国内外知名的文化旅游目的地。

浙江正在时代的变迁中不断丰富"窗口"中的图景。例如，浙江不仅在文化资源图谱的绘制上持续发力，加快建立健全保护对象名录、分布"一张图"，同时还将通过改造提升历史文化街区，推进"老屋复兴"，推动历史建

筑焕发新活力，进一步助推"三名"保护传承。

"敬畏历史，敬畏城市"，是为了唤醒共同的情感，也是为了用文明之钥开启美好生活之门。值得期待的是，浙江正在不断探索文化遗产的保护与创新，让千年文脉赓续，打造一座座诗意的、理想的"记忆之城"。

苟日新，日日新，又日新。展望未来，浙江的文旅产业将继续秉持开放包容、创新求变的精神，不断探索文旅融合的新路径、新模式。

绘制文化资源图谱
——启动文化基因激活工程

2024年3月6日，浙江省文化广电和旅游厅印发《浙江省文化基因激活工程实施方案（2024—2026年）》，在全省实施文化基因激活工程，并对文化基因下了定义：从文化形态切入，厘清其历史渊源、发展脉络、基本走向，从物质、精神、语符、规制等要素进行分析、解码所提取的关键知识内核。

根据方案，到2026年，浙江将全面建成浙江文化基因库，绘制完成重要文化基因图谱，聚焦浙籍名人、浙学书院、浙风古韵、浙传典籍等8个重点

领域，培育良渚文化、宋韵文化、上山文化等 10 个以上现象级省域文化标识和 100 个以上文化基因激活标志性项目。

2024 年，全省坚定推动文化基因的激活和培育：衢州推动"两子文化"（孔子文化、棋子文化）的创造性转化，打造的音乐剧《南孔》自 4 月起开启了声势浩大的全国巡演；9 月 12 日，湖州市正式当选中国 2025 年"东亚文化之都"；台州市实施"千年古城复兴"计划，以"浙东唐诗之路"和"宋韵临海"为主线打造府城文化 IP；舟山市正在系统梳理鸦片战争史料，做好文化阐释和科学解码，结合爱国主义教育和国防教育，推动相关文化传播；浙产电影《里斯本丸沉没》获第 37 届中国电影金鸡奖最佳纪录 / 科教片奖……

10 月 15 日至 17 日，以"同愿同行•和合共生"为主题的第六届世界佛

衢州市文化艺术中心与便民服务中心

第六届世界佛教论坛文化展陈现场

市民游客在温州龙舟文化博物馆参与体验活动

教论坛在宁波雪窦山举行。论坛通过了《雪窦山宣言》，为构建人类命运共同体贡献佛教的智慧力量。11月25日，第二届"良渚论坛"拉开帷幕，来自60多个国家和地区的中外嘉宾为深化文明交流互鉴走进杭州市，聚焦文化遗产、文学、音乐等重点领域，深入交流，凝聚共识。

从认识文化基因、传承文化基因到激活文化基因，在回答好"何为浙江"的同时，进一步聚焦"浙江何为"的课题。浙江将继续推进文明探源实证、加强文化遗产保护利用、提升文博公共服务水平，推出一批具有鲜明浙江辨识度的文化遗产新标识、一批世界一流和全国领先的文化机构、一批文化遗产保护利用标志性成果。

千年古城留住"烟火气"
——推动"三名"保护传承工作

2024年3月1日，浙江省历史文化名城名镇名村保护传承工作现场会在绍兴市举行。全省11个设区市的相关负责人齐聚一堂，交流探讨如何做好"三名"保护传承工作，形成能在全省可复制推广的经验。

古城绍兴

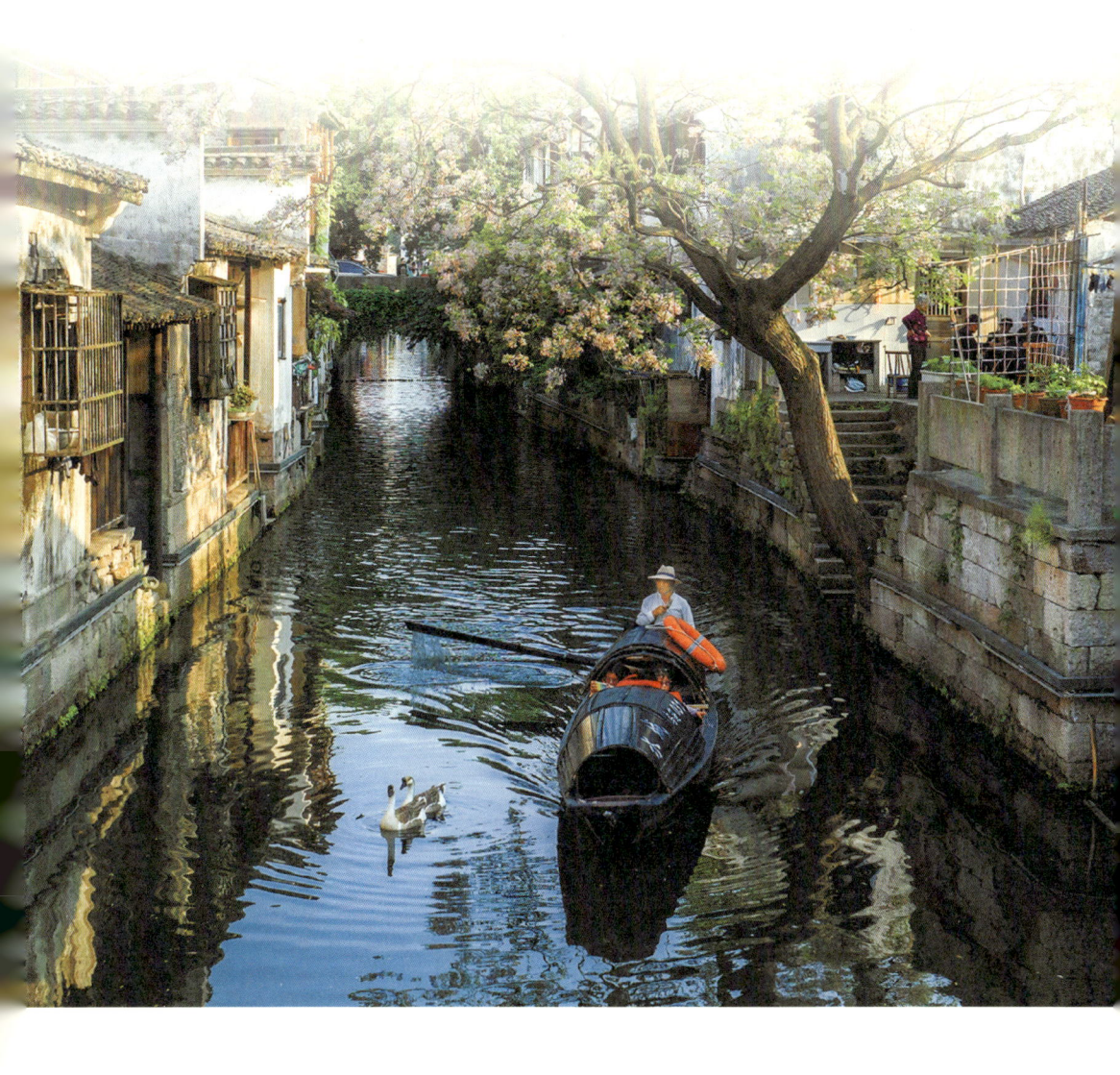

浙江拥有历史文化名城20座、名镇94个、名村218个，"三名"数量位居全国第一，已形成由历史文化名城、历史文化名镇名村街区、文物保护单位和历史建筑构成的多层次保护体系。

近年来，浙江在顶层设计上不断强化"三名"保护传承工作，颁布了《浙江省历史文化名城名镇名村保护条例》《浙江省历史文化名城名镇名村街区保护规划编制导则》等文件，印发《关于在城乡建设中加强历史文化保护传承的实施意见》。以绍兴市为例，自1982年成为国家首批历史文化名城起，在探索古城的保护与利用之路上从未止步。2019年，绍兴市颁布实施了《绍兴古城保护利用条例》，并在此基础上构建"一部法规、一个机构、一项基金、一张清单"体系，建立以"法治保障、政府带动、社会参与、智库支撑、数字赋能、文商旅融合"为内容的古城保护"绍兴模式"。

大运河畔的杭州市临平区塘栖镇

泰顺县雅阳镇塔头底古村落

  与此同时，浙江"三名"保护传承的合力不断得到加强。杭州市等10座国家历史文化名城专门成立了名城保护委员会，绍兴、金华等市设立了名城保护日。浙江还印发了《浙江省历史文化名城名镇名村保护专项资金管理办法》，每年安排专项资金1000万元重点用于保护规划编制、修缮利用。各地在加大保护力度、创新保护机制、丰富保护类型上，积极探索新时代保护传承工作新路径。

  未来，针对历史文化名城名镇名村的保护，浙江将进一步注重规划引领，系统完整地保护好区域内的各类文化遗产，尤其是对具有浙江特色、能够体现浙江发展历程的历史文化资源进一步加强保护。

俯瞰温州市朔门古港遗址

文脉华章日日新
——浙江考古新成就

2024年开年，浙江省文物考古研究所就宣布了重要消息：在杭州市余杭区的小古城遗址发现了院落型建筑群、人工堆筑台体、水门等一系列商时期遗迹。一座晚商时期的浙北古城，在公众面前初步显现容貌，让人们有机会一窥3000多年前浙江先民的生活。

7月12日，国家文物局召开"考古中国"重大项目重要进展工作会，通报了包括绍兴市稽中遗址在内的4项考古最新进展。稽中遗址系首次在绍兴古城内发现的越国大型建筑基址，实证了文献记载的勾践建都历史，是越国都城考古的重大发现，为探寻越国都城格局提供了重要线索。

7月15日，绍兴古城保护日主题活动发布了又一项考古工作——绍兴古城（亭山遗址群）的阶段性发掘成果。专家认为，亭山遗址群或为越国都邑相关所在地，为人们研究东周时期的越国奠定了基础。

考古人员在杭州市小古城遗址庙山发掘区工作

湖州市第四中学学生实地探访全国重点文物保护单位毘山遗址，模拟考古挖掘

文化富精神 123

绍兴市稽中遗址出土的越国原始瓷杯

9月13日,"考古中国"重大项目发布3项在中华文明探源研究上具有重要价值的考古新成果,衢州市衢江区皇朝墩遗址位列其中。该遗址是上山文化的第22处遗址点,自2023年4月起进行考古发掘,至2024年9月初取得重要的阶段性成果——发现古稻田,填补了上山文化考古的一大空白。

10月25日至27日,下汤遗址发现40周年暨考古中国——长江中下游早期稻作农业社会形成研究工作会议在仙居县举行。根据近期的发现和研究,下汤遗址纵贯新石器时代始终,树立了浙南地区新石器时代考古学文化的历史标杆。

浙江几千年累积的深厚文化底蕴历久弥新:从距今1万年的上山文化,到8000年的跨湖桥文化、7000年的河姆渡文化、6000年的崧泽文化,再到5000多年的良渚文化。跟随中华文明探源工程的脚步,浙江与时俱进,不断"上新",扛起了"在建设中华民族现代文明上积极探索"的重大使命。

"浙里"年味助"村兴"
——"村晚"金名片

2024年2月2日,浙江省农村文化礼堂"我们的村晚"活动在绍兴市柯桥区马鞍街道新围村举办,来自11个设区市30多个文化礼堂的600多位演员登台献技,创历届演员规模之最。

浙江是"村晚"的发源地,早在1981年,庆元县举水乡月山村的村民,便举办了全国第一台"乡村春节联欢晚会"。21世纪以来,"村晚"更如星星之火"燃遍"全省。

2024年春节期间,丽水全市举办各类"村晚"活动500余场。从莲都鼓

新昌县澄潭街道梅渚村"村晚"

2024绍兴市柯桥区马鞍街道新围村农村文化礼堂"我们的村晚"活动现场

2024年桐庐县"我们的村晚"系列活动在富春江镇孝门村文化礼堂拉开帷幕

词"村晚"到龙泉剑瓷"村晚",从景宁畲寨"村晚"到青田国际"村晚",从松阳茶园"村晚"再到缙云戏曲"村晚",各地村民纷纷登上舞台,欢天喜地迎新年。丽水市设立了乡村春晚主题数字文化馆,推出十大"村晚"主题体验路线、举办"村晚"土特产拍卖会,推出了"村晚山宴"高山美食、"村晚山路"乡村康养、"村晚山歌"艺术研学等。全市已建成"村晚"示范县6个,打造撬动产业发展的"村晚"728台,农民年均自创节目1万余个,每年实现"村晚红利"超15亿元,实现了从"村晚"到"村玩"再到"村兴"的"三级跳"。

红红火火的"村晚",显然成了百姓们欢庆春节的新年俗。"我们的村晚"活动现场,演员们用才艺奉上了一台散发浓浓"乡土味"和"年味"的联欢晚会,昂扬的风貌、真挚的情感、精湛的才艺令台下的观众拍手叫好。"村晚"不仅是丰富基层百姓精神文化生活的举措,也是优化文化服务和文化产品供给机制的重要实践。浙江通过举办丰富多彩、特色鲜明的"村晚"活动,积极培育乡村新产业、新业态,进一步展示乡村振兴的丰硕成果,展现新时代群众奔共富的喜悦之情。

点亮阅读之灯
——城市书房建设的"温州标准"

城市书房犹如一盏灯，点亮群众的精神生活，也温暖一座城。2024年9月3日，温州市"最喜爱的城市书房"评选结果揭晓。活动共有161家城市书房参加，根据大众票选结果，文成县周壤镇百姓书屋荣获温州市"最喜爱的城市书房"。

2014年，全国首家城市书房——县前城市书房在温州市诞生。随后，城市书房在这方热土生根发芽，成长壮大，并以星火燎原之势，在全国遍地开花。截至2024年9月，温州全市已建成城市书房234家（含78家百姓书屋）。

温州市智慧谷城市书房

2020年，作为主要发起人，温州市联合北京、上海等12个城市共同成立"全国城市书房合作共享机制"，发展至今，参与该机制的成员已达140个，覆盖全国30个省（自治区、直辖市），涵盖5000多家书房。温州市还牵头与扬州、洛阳等地共同制定文化和旅游行业标准《公共图书馆馆外服务场所服务规范》，从术语定义、基本原则、设施设备、服务内容、服务资源等方面，明确了馆外服务点的服务提供、服务管理、社会参与、服务保障、社会监督与反馈等问题，标志着城市书房建设的"温州标准"走向全国。

温州城市书房为公共图书馆破解精神共富难题提供了生动的实践样本，引领了我国城市公共阅读空间的发展方向。10年间，从探索到规范化、标准化，再到主题化、智慧化，温州城市书房的建设坚持以改革破题，持续加大探索创新的力度，及时克服新问题、满足新要求，始终秉持着为读者提供便捷、高效阅读服务的初心，致力于营造温馨、舒适的阅读空间，让每一位踏入书房的读者都能感受到知识的力量与文化的魅力。

瑞安市寓言主题城市书房

温州市瓯海区的学生加入
城市书房管理志愿者队伍

浙江籍运动员黄雨婷（左）在2024年巴黎奥运会颁奖仪式上

强本固基，奥运出彩
—— 高水平推进竞技体育和群众体育全面发展

在2024年巴黎奥运会上，共有37名浙江运动员参赛，所获金牌数位居全国第二，奖牌数位居全国第一，创造了历史最好成绩，续写了届届奥运会有金牌的新篇章。特别是浙江游泳健儿以2金2银4铜的出色成绩彰显了项目的竞争力和贡献度。

"八八战略"实施20多年来，浙江持续推动全民健身公共服务优质共享，有效推进体育公共服务全民化、优质化、均衡化。2月，浙江省群体（体总）工作会议召开，强调浙江省群众体育工作要继续发力促进全民健身、全民健康深度融合，打造全民健身公共服务示范区金名片。为此，浙江拿出了一系列措施进一步推广全民健身。

8月8日，以"全民健身与奥运同行"为主题的浙江省"全民健身日"主会场主题活动的序幕正式开启，为期半个月的主题活动在线上线下陆续展开，并依托"体育+"跨界融合理念打造"浙"里花样市集，展现了浙江省体育产

诸暨市"村BA"首个超级周末在安华镇打响

业发展的新高度。此外，为了全面提升全民健身公共服务体系，打造全民健身服务惠民示范区，浙江计划于2025年建成体育现代化县（市、区）30个以上，城市社区"10分钟健身圈"基本建成，高质量实现行政村体育设施全覆盖。

在改革与创新中实现高质量发展，是浙江体育事业快速推进的重要抓手。2021年，浙江省政府与国家体育总局签署《关于支持浙江省体育领域高质量发展建设共同富裕示范区的合作协议》，又体系化制定了"体育领域推进共同富裕省部合作协议五年工作清单和年度工作清单"，梳理形成15项体育领域预期标志性成果清单。2024年，浙江致力于解决一系列制约浙江体育事业高质量发展的"卡脖子"问题。5月10日，浙江省政府办公厅印发《推动浙江服务业高质量发展三十条措施》，明确提出要推动体育产业高质量发展，积极引进和办好国内外高级别赛事。

　　科技创新是发展新质生产力的核心要素，也是体育事业高质量发展的内生动力。2024年4月15日，国家体育总局办公厅公布的体育领域国家级"专精特新"企业名单中，浙江共有10家企业上榜，占全国的八分之一；制造业单项冠军名单中，浙江共有5家企业上榜，占全国的三分之一。随着以数字化、网络化、智能化为主要特征的新一代信息技术在体育产业领域的深度应用，体育产业的发展正在经历巨大变革。作为互联网高地的浙江，正通过"组合拳"向"新"而行、以"新"促"质"、以"质"致远，为谱写新时代体育产业新篇章作出更大贡献。

　　党的十八大以来，浙江忠实践行"八八战略"，聚焦聚力高质量、竞争力、现代化，有力推动高水平现代化体育强省建设，实现了体育事业全方位、深层次、系统性的精彩蝶变，巴黎奥运会上取得的佳绩正是浙江竞技体育厚积薄发的结果。

东阳市江滨景观带市民花园里的健身场地

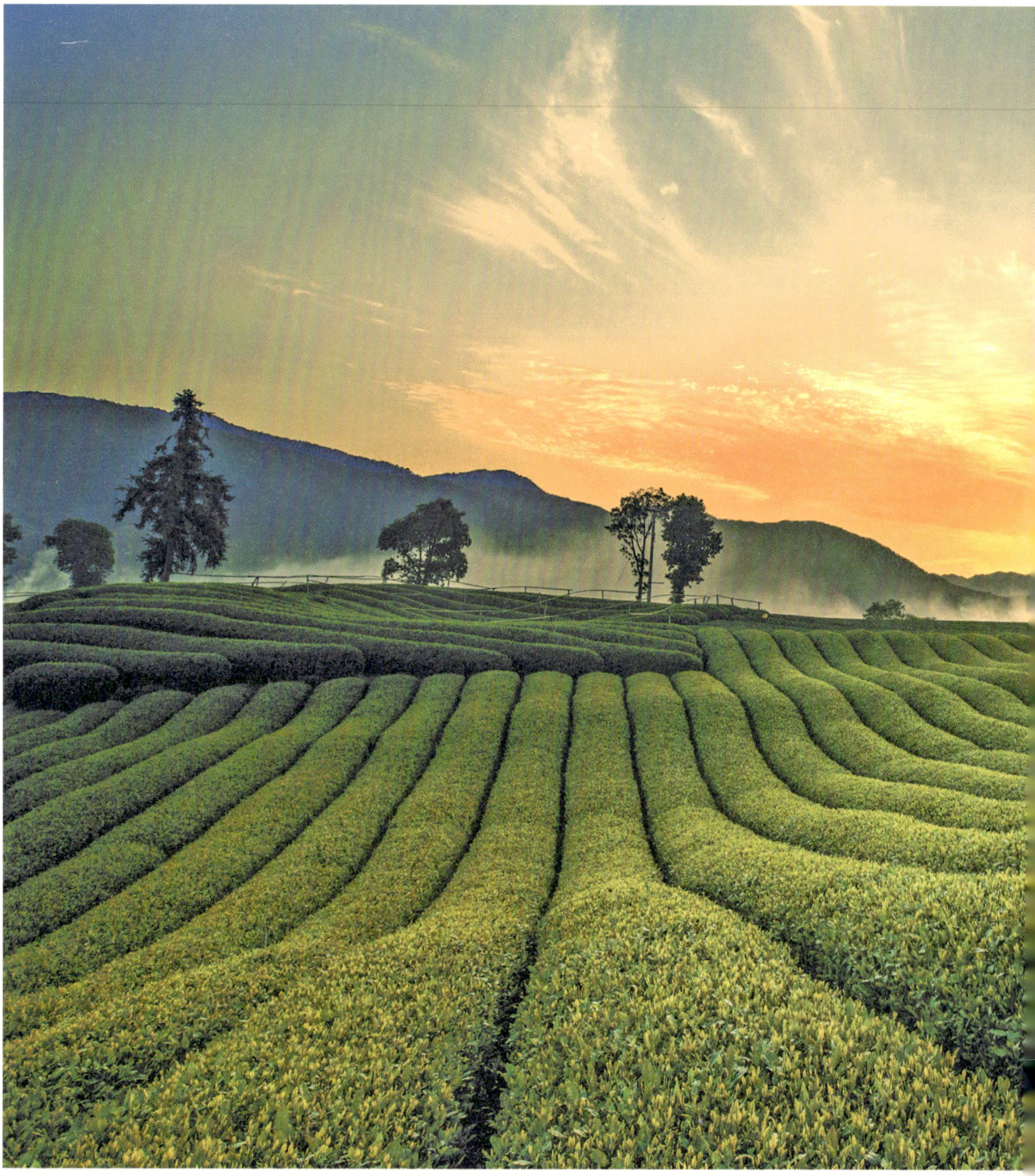

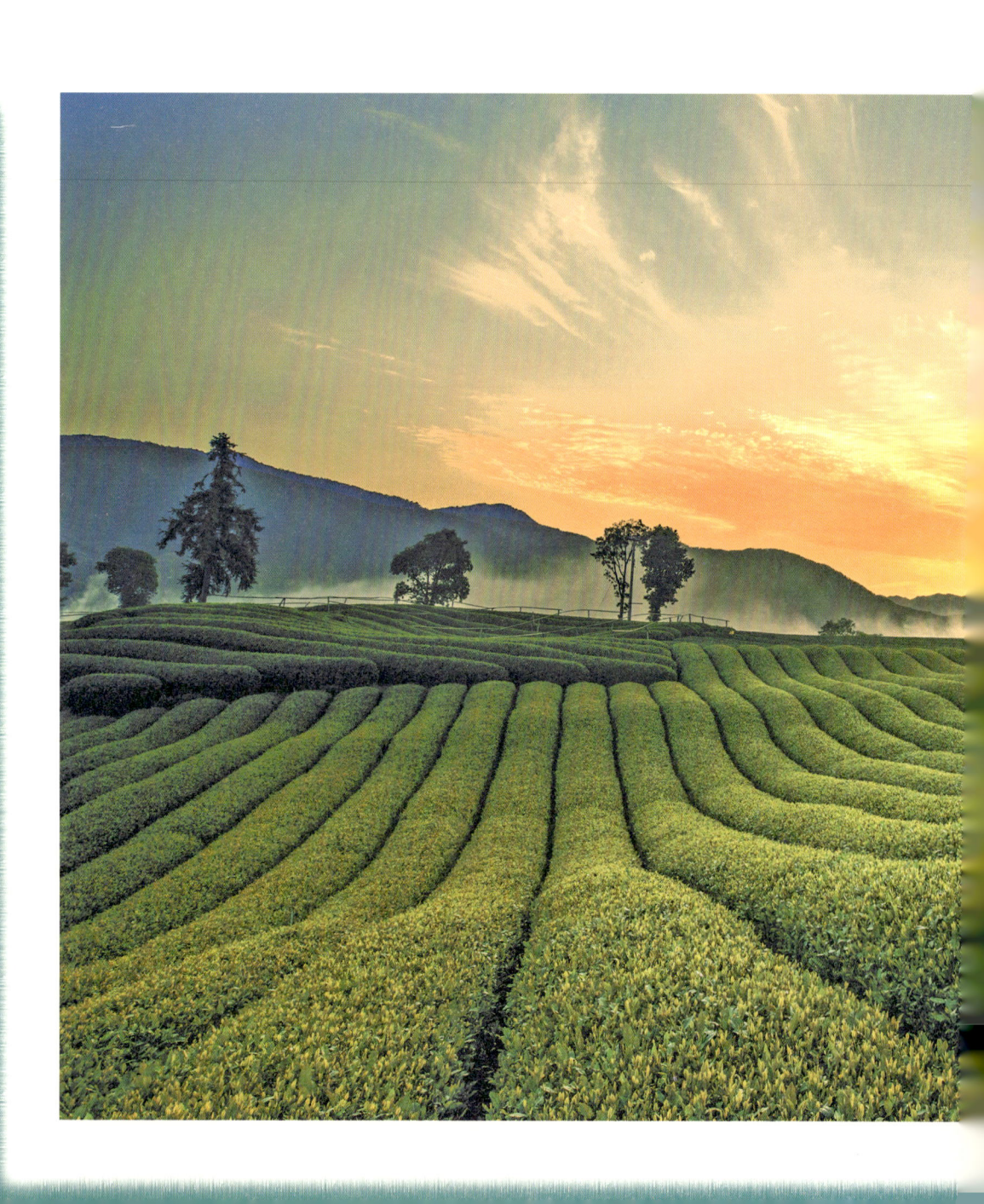

生态美江南

SHENGTAI MEI JIANGNAN

生态文明建设功在当代、利在千秋。多年来，浙江深入践行习近平生态文明思想，深入实施"八八战略"，推进"811"生态文明先行示范行动，奋力打造生态文明绿色发展标杆之地。

浙江以"绿水青山就是金山银山"发展理念为指引，在生态文明建设先行示范方面一马当先。全省各地持续推进生态保护补偿制度建设，充分调动各方积极性，不断健全生态环境保护的市场机制；坚定不移推动低碳绿色高质量发展，进一步完善生态富民惠民机制，加快建立绿色低碳循环经济体系……

绿色是浙江高质量发展的底色。作为全国首个生态省，浙江深入践行绿色发展理念，高度重视资源环境问题，生态文明建设走在全国前列，绿色低碳转型成果丰硕，能源资源利用效率不断提高，生态环境治理成效显著，居民生活环境更加美好，美丽浙江建设成绩斐然，奏响了人与自然和谐共生的乐章。

"绿水逶迤去，青山相向开。"从浙北的水乡古镇到浙南的田园村落，从浙西的秀山丽水到浙东的海岛渔村，处处绿水青山，步步如诗如画，一幅环境优美、产业富美、生活和美的画卷正在徐徐铺展。

书写"浙江绿"新篇章
——生态文明建设先行示范

多年来,浙江积极探索一条经济转型升级、资源高效利用、环境持续改善、城乡均衡和谐的绿色高质量发展之路,结出了累累硕果:建成全国首个生态省,世界环境日全球主场活动成功举办,"千万工程"荣获联合国"地球卫士奖"……"浙江绿"蜚声国际,这片土地也成为向世界展示中国生态文明建设的重要窗口。

宁海县的美丽乡村山清水秀,交通便捷

新昌县东茗乡下岩贝村的生态茶园里处处生机萌动，茶农正忙着采摘新鲜的春茶

2005年8月15日，习近平同志在安吉余村考察时明确提出了"绿水青山就是金山银山"的科学理念。此后，浙江持续整治环境污染、不断提升生态优势、接续培育生态文化，一条山清水秀、江山如画的绿色之路，蔚然铺展。

建设生态文明，是关系人民福祉和民族未来的长远大计。浙江全面贯彻落实绿色发展理念，加快经济社会发展全面绿色转型，坚定不移走绿色低碳高质量发展道路；坚持把节约能源资源放在首位，实行全面节约战略，提高投入产出效率，能源资源利用效率持续提升，节能降耗成效显著；坚持生态环境综合治理，环境质量不断改善，环境治理投资和治理力度明显加大；坚持人与自然和谐共生，大力推进"千万工程"、小城镇环境整治和"大花园"建设，居民环境明显改善。

近年来，浙江以前所未有的力度加强生态文明建设，开展"811"环境污染整治行动、循环经济"991"行动计划，铁腕治理环境污染和生态破坏；实施"千万工程"，从农村环境整治入手，由点及面、迭代升级，创造了推进乡村全面振兴的成功经验和实践范例;探索全国首个跨省流域生态补偿机制,有效保护了流域生态环境,促进了区域经济的可持续发展;在全省范围内推广"五水共治",以治水为突破口,倒逼产业转型升级;出台全国首部省级GEP核算标准,为绿水青山可考核、可交易、可融资提供统一的参考依据……

健全的生态环境法律制度不仅是生态文明的重要标志,而且是生态文明建设的托底保障。自2003年以来,浙江几乎每年都有生态环境方面的法律、法规、规章出台,迄今已经形成了与国家大政方针、生态法治体系相适应的地方性法规和政策体系。同时,浙江高度重视规章制度的创新,是全国第一个在省级层面出台并实施生态补偿机制的省份,为持续推进生态文明建设作出了先行示范。

当前,生态文明建设已经融入浙江经济社会发展的方方面面。围绕进一步全面深化改革、推进中国式现代化省域先行这一主题,浙江全面推进生态文明建设迭代升级,坚定不移走低碳绿色高质量发展之路,持续推动"八八战略"走深走实,奋力打造美丽浙江"重要窗口",书写生态文明先行示范的新篇章。

安吉县生态美景

杭州市余杭区仓前街道永乐村监察工作联络站成员对辖区内生态环境情况进行监督管理

温岭市龙门湖滨海湿地

新安江流域跨省界断面附近风光

实现"绿""富"共赢
——生态补偿机制的浙江模式

2024年6月1日，我国第一部生态补偿领域的法规《生态保护补偿条例》正式实施，标志着生态补偿机制在更大范围、更深层次有了回响。作为生态文明制度的重要组成部分，生态补偿机制探索形成了"成本共担、效益共享、合作共治"的治理新格局，调动了各方参与生态保护的积极性，不断推动生态文明建设。

早在2004年，浙江便开始探索实施生态补偿机制，并于2005年出台全国首个省级层面办法，尝试用市场化的手段解决"环保困局"。2012年，浙皖两省启动全国首个跨省流域生态补偿机制试点，采取"谁受益谁补偿，谁保护谁受偿"的"对赌"形式：如果考核断面的年度水质达标，浙江每年补偿安徽1亿元，否则相反。2023年，浙江为规范生态环境损害赔偿工作，持续改善生态环境质量，推进生态文明先行示范，加快打造生态文明高地，出台了《浙江省生态环境损害赔偿管理办法》。

作为全国生态补偿机制建设的"先行者"，浙江设立了全国首个环保财力转移支付制度，建立了全国首个绿色发展财政奖补机制，探索推行排污权、用能权、水权、碳汇等环境权益交易，探索市场化补偿模式，补偿范围不断拓展，补偿标准不断提高，资金规模不断扩大，在拓宽生态补偿市场化、社会化上走出了一条新路。例如，持续深化生态补偿，省内八大水系主要流域实现横向补偿机制全覆盖；积极推进碳普惠市场建设、海洋蓝碳交易等试点，累计开展排污权有偿使用和交易11万多笔。

如今，浙江的生态补偿"谱系图"正日益清晰，已从公益林补偿逐渐拓展至流域、耕地、大气、湿地、海洋等全部生态要素，初步形成与经济社会发展状况相适应的生态保护补偿体系，为全国生态补偿机制的探索和建设贡献了浙江实践、浙江经验和浙江样本。

淳安县千岛湖生态环境常态化巡防

低碳生活，有"迹"可循

——加快建立碳足迹管理体系

2024年8月15日是第二个全国生态日，2024绿色低碳创新大会在浙江省湖州市开幕，"碳中和""碳达峰""碳足迹"等成为会上的热词。

《中共中央关于进一步全面深化改革、推进中国式现代化的决定》提出，要构建碳排放统计核算体系、产品碳标识认证制度、产品碳足迹管理体系。早在2024年4月，浙江就印发了《浙江省建立产品碳足迹管理体系工作方案》，提出到2025年，全省统一产品碳足迹数据库建成运行，到2030年，产品碳标识认证制度全面建立。

建立产品碳足迹管理体系，对于浙江的企业来说，有着重要的现实意义。企业通过核算碳足迹，清晰了解产品各环节的碳排放状况，从而找出降碳潜力相对较高的环节，采取有针对性的优化措施。在推进碳足迹核算上，浙江通过推动加快产品碳足迹核算方法、评价通则等两项省级标准的出台，按需要制定出台具体类目产品的碳足迹核算方法及标准，支撑重点产品开展核算；集合省级部门、地方、行业和企业等各方力量，开发全省通用、方法统一、

宁波舟山港梅山港区低碳码头示范工程
风光储一体化项目首台风电机组并网发电

台州市椒江区海洋蓝碳数字化平台

数据可靠的产品碳足迹数据库，归集全省实景数据，并实施数据质量管理。碳足迹核算功能还将向企业直接开放，支持企业自我核算、自我声明。

为了拓宽数据互认范围，助力企业应对绿色贸易壁垒，浙江还推进与长三角、粤港澳等区域的标准互认、数据共享、结果互信、监管互助，支持省内认证机构积极参与国际涉碳认证、相关标准规则的制修订和方法学研究，参与国际合作互认。

接下来，浙江将加快构建重点产品碳足迹核算方法规则和标准体系，建设产品碳足迹数据库，逐步推行产品碳标识认证，拓宽碳足迹应用场景，推动区域互认与国际衔接，形成具有浙江特色的产品碳足迹制度、数据、应用与保障体系，助力"双碳"目标的实现。

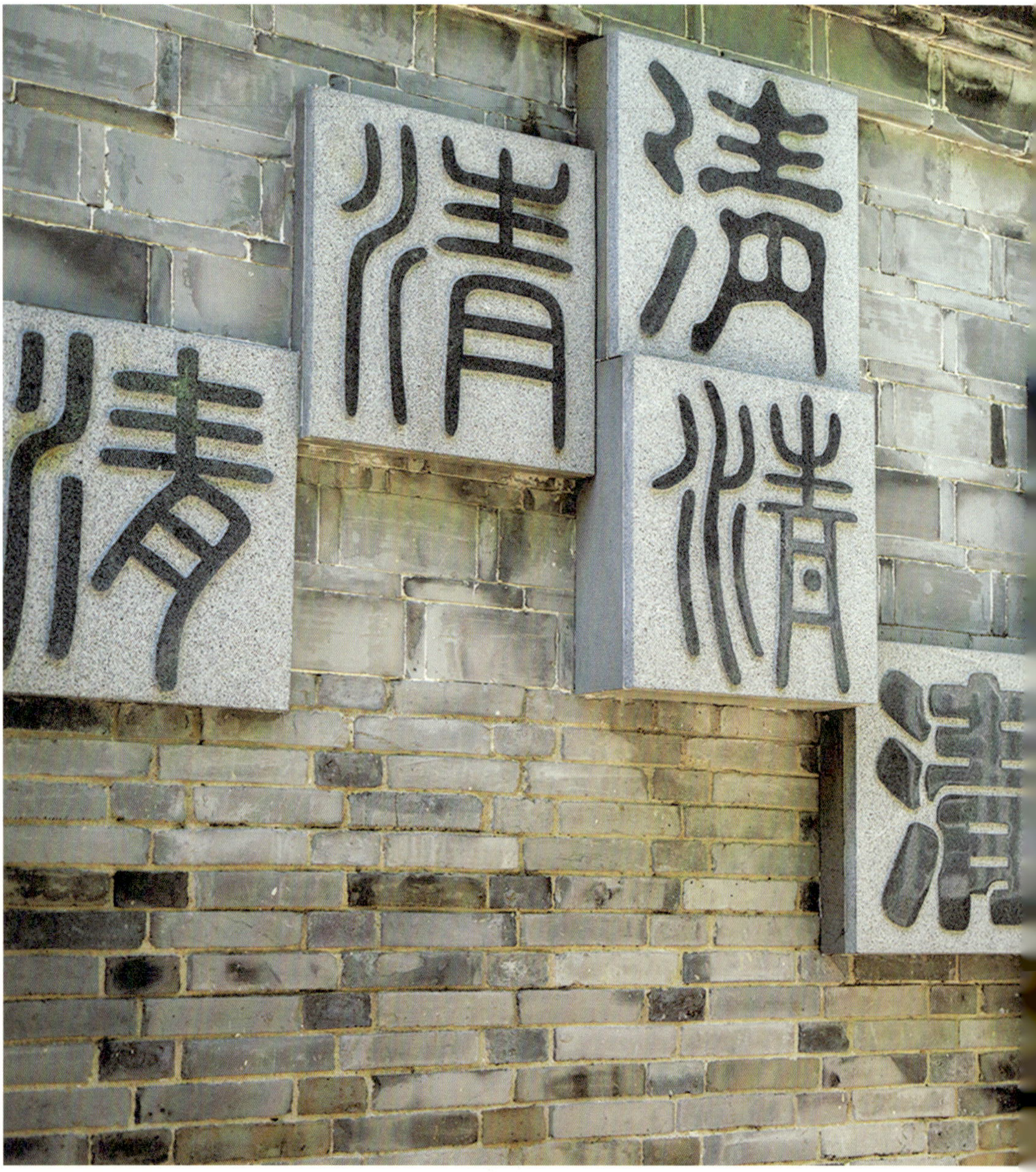

初心守根脉

CHUXIN SHOU GENMAI

这一年，浙江牢记嘱托、勇毅前行，深入践行新时代党的建设总要求和新时代党的组织路线，认真贯彻习近平总书记关于党的建设的重要思想，不断健全全面从严治党体系，加快打造清正廉洁、干净干事的新时代党建高地。

2024年，浙江以干部敢为引领地方敢闯、企业敢干、群众敢首创，不断涵养风清气正、奋发进取的政治生态，为推进中国式现代化省域先行提供坚强政治保障。

浙江继续健全完善廉洁文化建设统筹协调机制，探索廉洁文化建设评估体系，提升廉洁文化建设数字化水平，让"浙里廉风"真正沁人心田、深入

人心，努力打造党风正、政风明、社风清、民风淳、行风优、家风好的新时代廉洁文化高地。

统一战线是凝聚人心、汇聚力量的强大法宝。浙江紧扣争创新时代统战工作高质量发展先行省目标和"一个高地、五个先行"重点任务，夯实基层基础，突出实干争先，持续推动"八八战略"走深走实，为助推共同富裕汇聚磅礴力量。

回望来路自慷慨，再赴征程气如虹。站在新的历史起点，浙江正毫不动摇地加强党的领导和党的建设，为全省发展不断打开新空间、注入新动能、塑造新优势、成就新业绩。

勇当全面深化改革的排头兵
——中共浙江省委十五届五次全会

2024年8月23日，中国共产党浙江省第十五届委员会第五次全体会议在杭州市举行。

全会坚持以习近平新时代中国特色社会主义思想为指导，全面学习贯彻党的二十届三中全会精神，深入贯彻落实习近平总书记考察浙江重要讲话精神，听取和讨论省委常委会的工作报告，审议通过《中共浙江省委关于全面学习贯彻党的二十届三中全会精神，进一步全面深化改革，为在奋进中国式

现代化新征程上勇当先行者、谱写新篇章注入强劲动力的实施意见》。

全会指出，党的二十届三中全会是在以中国式现代化全面推进强国建设、民族复兴伟业的关键时期召开的一次十分重要的会议，开启了党的十八届三中全会以来全面深化改革的实践续篇、新时代新征程推进中国式现代化的时代新篇，具有重大里程碑意义。习近平总书记在党的二十届三中全会上的重要讲话，高屋建瓴、视野宏阔、思想深邃、内涵丰富，为进一步全面深化改革、推进中国式现代化提供了根本遵循。

全会强调，要全面贯彻习近平总书记重要讲话精神和党的二十届三中全会部署要求，牢牢把握进一步全面深化改革、推进中国式现代化省域先行的重大关键性问题，突出全面对标落实，确保习近平总书记重要指示精神和

2024年8月23日，中国共产党浙江省第十五届委员会第五次全体会议在杭州市举行

二十届三中全会《决定》改革部署在浙江不折不扣、逐条逐项落实，全面落地生根、开花结果；突出以"八八战略"为统领，坚持好、运用好"八八战略"蕴含的全面深化改革的立场观点方法，坚持一张蓝图绘到底，积极探索创新深化改革攻坚开放提升一体推进的新格局、新体系、新机制；突出战略目标引领，构建"再突破、再提升、再上新台阶"的目标体系，到2035年实现"三个再""五个更"的奋斗目标，在科技创新、现代化产业体系、制度型开放等方面取得新的实质性突破，在民营经济、绿色发展、民生福祉等方面取得新的大幅度提升，推动经济总量、城乡居民收入和生活水平等再上一个新台阶、实现一个大跃升，实现更充分、更全面、更先进、更高质量、更可持续的发展，开创中国式现代化省域先行全新局面，再展浙江"干在实处、走在前列、勇立潮头"雄风；突出谋划好具有很强整体带动效应、突破引领效应、创新示范效应的攻坚性改革，着力打开中国式现代化省域先行的突破口，加快形成进一步全面深化改革的浙江之势；突出全面深化、协同推进，增强改革的整体性、系统性、协同性，注重以经济体制改革为牵引，注重全面改革，注重统筹发展和安全，以制度建设为主线，全过程、全链条、全维度推进改革；突出坚持和加强党的全面领导，以改革的精神和严的标准管党治党，着力推动建设勤廉并重的新时代党建高地。

全会充分肯定了省委十五届三次全会以来省委常委会的工作，强调要干在当下、勇毅前行，扎实做好当前各项工作，全面落实党中央关于经济工作的决策部署，统筹推进三个"一号工程"，全面加强"三支队伍"建设，大力实施"十项重大工程"，持续巩固经济稳进向好态势、坚定不移高质量完成经济社会年度目标任务，推动党纪学习教育走深走实、纵深推进全面从严治党，统筹高质量发展和高水平安全，扎实开展"十五五"规划前期研究，用一流的状态创造一流的业绩。

全会号召，让我们更加紧密地团结在以习近平同志为核心的党中央周围，牢记嘱托、感恩奋进、实干争先，以进一步全面深化改革排头兵的姿态，勇当中国式现代化的先行者，奋力谱写中国式现代化浙江新篇章，为强国建设、民族复兴作出新的更大贡献。

2024年12月21日，中国共产党浙江省第十五届委员会第六次全体会议暨省委经济工作会议在杭州市举行

推动高质量发展，共富示范显担当
——中共浙江省委十五届六次全会暨省委经济工作会议

2024年12月21日，中国共产党浙江省第十五届委员会第六次全体会议暨省委经济工作会议在杭州市举行。

会议听取和讨论省委常委会的工作报告，总结2024年省委常委会工作，重点研究部署2025年经济工作，进一步动员全省上下忠实践行"八八战略"、高质量发展建设共同富裕示范区、加快打造"重要窗口"、奋力谱写中国式现代化浙江新篇章。会议对2025年浙江扩大有效投资"千项万亿"重大项目建设作具体部署。

会议认为，2025年是"十四五"规划的收官之年，做好2025年工作意义重大。要坚持以习近平新时代中国特色社会主义思想为指导，全面贯彻落实党的二十大、党的二十届二中、三中全会精神和中央经济工作会议精神，深入学习贯彻习近平总书记重要讲话重要指示批示精神，深刻领会和准确把握2025年经济工作的总体要求、政策取向和重点任务，牢牢把握工作主动权，坚定扛起"经济大省要挑大梁"的责任担当，忠实践行"八八战略"，紧扣"努力成为新时代全面展示中国特色社会主义制度优越性的重要窗口""高质量发展建设共同富裕示范区""奋力谱写中国式现代化浙江新篇章"等重大使命，以高质量发展为首要任务、以缩小"三大差距"为主攻方向、以改革创新为根本动力、以满足人民美好生活需要为根本目的，扎实推进"十项重大工程"，促进经济稳进向好、社会大局和谐稳定，确保"十四五"规划圆满收官，努力为全国大局多作贡献。

会议强调，做好2025年工作，必须牢牢把握高质量发展建设共同富裕示范区这一核心任务，坚持整体推进、重点突破。必须牢牢把握"经济大省要挑大梁"的责任担当，更加积极有为、取得更好成效。必须牢牢把握"稳中求进、以进促稳，守正创新、先立后破，系统集成、协同配合"24字要求，整体把握、全面落实。必须牢牢把握"始终干在实处、走在前列、勇立潮头"的工作要求，探索新路径、增强新动能。

会议系统部署2025年重点任务。要求围绕推动经济高质量发展，坚定扛起"经济大省要挑大梁"的责任担当，更好发挥政策引导保障和支撑作用，进一步研究政策、争取政策、用好政策，调整优化"8+4"经济政策体系，提高政策的实效性，最大限度释放政策红利。

会议号召，全省党员干部更加紧密团结在以习近平同志为核心的党中央周围，忠实践行"八八战略"，锚定目标加油干，只争朝夕抓落实，奋力交出2025年经济社会发展的高分答卷。

选贤任能，干净干事
——激励干部大胆开拓、担当作为

2024年2月18日，浙江省委召开全省持续推动"八八战略"走深走实，全力打造高素质干部队伍、高水平创新型人才和企业家队伍、高素养劳动者队伍大会。

为打造风清气正奋发进取的政治生态，以干部敢为带动地方敢闯、企业敢干、群众敢首创，浙江完善激励保护措施，进一步落实容错纠错机制、澄清正名机制，激励干部大胆开拓、担当作为。例如，制定深化落实"三个区分开来"要求的实施办法，制定容错纠错工作规程，对容错纠错的具体情形、适用范围、操作程序、责任落实等作出明确，对在纪法底线红线之内，不是

杭州市萧山区纪检监察干部走进村社开展信访举报政策宣传

三门县纪检监察干部在沙柳街道开展容错纠错实施办法宣传

明知故犯、没有谋取私利、未造成严重后果的行为予以容错。

省委明确选贤任能导向，坚持事业为上、公平公正、激浊扬清，不忽视、不埋没各地方各领域各部门各单位各年龄段的优秀干部，不冷落那些为民服务、创新发展、艰苦奋斗的干部。从2019年起，浙江多次开展"担当作为好干部"评选，不断增强干部的荣誉感、获得感，形成更广泛、更持久的干事创业动力。针对干部不担当不作为、干工作瞻前顾后等情况，修订推进领导干部能上能下实施细则，明确7类30种"下"的具体情形，动真碰硬调整不适宜担任现职的干部，以"下"的压力倒逼干的动力。

浙江完善开展澄清正名和查处诬告陷害工作有关规定，积极为党员干部和党组织澄清正名，查处诬告陷害案例，营造了激浊扬清、干事创业的浓厚氛围，进一步激发了干部队伍的信心。省纪委监委聚焦推进预警提醒机制化、澄清查诬常态化、精准问责规范化、容错纠错精细化、回访教育系统化等五方面内容，落实18条具体措施。

一系列激励干部担当作为政策"组合拳"，打通了干部成长通道，改善了干部工作条件，更加突出树立和践行正确政绩观，更加坚持激励和保护相结合，更加注重让干部可见可得可感，形成了干部为事业担当、组织为干部担当良性互动的生动局面。

春风化雨，廉润之江
——奋力打造新时代党建高地

近年来，浙江积极发挥廉洁文化建设先行优势，探索构建具有鲜明浙江特色的新时代廉洁文化建设体系，不断创新形式、丰富载体，持续打响"浙里廉风"廉洁文化品牌，推动廉洁文化入脑入心、走深走实。

推动廉洁文化守正创新，离不开强化顶层设计提供的体制机制保障。浙江出台了《关于加强新时代廉洁文化建设的实施意见》，推动廉洁文化与文化浙江、清廉浙江建设深度融合。浙江还出台并坚持一系列制度和举措，如建立健全综合考核体系、常态化开展澄清正名工作、表彰担当作为好干部等，加强对党员干部的教育培训、实践锻炼和作风锤炼，坚持层层设防与抓早抓小、容错纠错与激励有为相结合，让干部敢为、地方敢闯、企业敢干、群众敢首创成为浙江的鲜明标识和澎湃动力。

武义县纪委县监委联合县妇联、县民政局开展"绘莲花颂廉洁 画绿竹树清风"活动

为整合盘活廉洁文化资源，全省构建了多层级、分类别的廉洁文化阵地体系，建立"一地一品有特色，线上线下齐并进"的廉洁文化矩阵，以阵地辐射力聚合廉洁向心力。各地纪检监察机关在"活"字上动脑筋，结合当地特色文化资源打造廉洁文化阵地，舟山蚂蚁岛廉洁文化教育基地、丽水龙泉剑瓷廉韵馆、湖州中国湖笔文化馆等一批富有地方特色的廉洁文化阵地如雨后春笋般涌现。

浙江是民营经济大省，多年来为民营企业打造公平竞争环境提供了境外投资、人才引进、风险防范、融资畅通等一系列制度支撑，出台了大量保障民营企业和民营企业家合法权益的举措。同时也在不断规范行政行为，推行政商关系的"正面清单""负面清单"，深化运用监督执纪"四种形态"，综合发挥党的纪律约束和保障激励作用，推动党员干部做到"干事"与"干净"于一身、"勤政"与"廉政"于一体，真正把政商关系处得既"亲"又"清"。

永康市芝英镇廉风传承馆

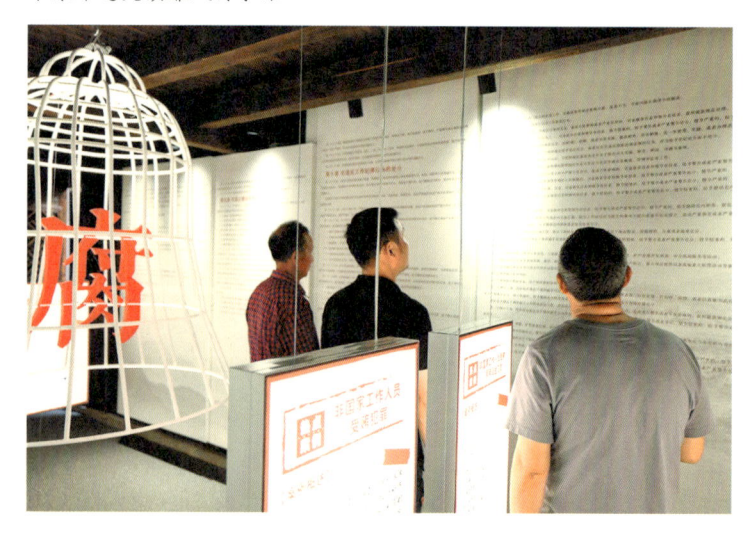

"之江同心·我们的幸福计划"共富集市活动现场

画好最大同心圆
——统一战线凝心聚力助推共同富裕

党的二十届三中全会对完善大统战工作格局作出了系统部署，赋予了新时代统战工作为进一步全面深化改革、推进中国式现代化凝心聚力的光荣使命。浙江深化规律认识、用好强大法宝，最大限度汇聚激发统一战线广大成员的智慧和才能，形成助推共富的强大合力。2024年2月，省委统一战线工作领导小组印发《关于深入学习贯彻习近平总书记考察浙江重要讲话精神扎实推进"同心共富"工程的实施意见》，持续画好共同富裕最大同心圆。

浙江全面贯彻落实中央和省委关于推动共同富裕的部署要求，持续以"同心共富"工程为重要抓手，出新出彩的典型案例竞相涌现。例如，作为浙

省侨办、省侨联积极引导广大浙籍侨团、侨企、侨胞助力乡村振兴和共同富裕示范区建设。图为2024年9月在青田县开展的全省"侨助共富"暨"千个侨团（企）帮千村"现场交流活动

江省统一战线"同心共富"工程重点推进地市，舟山坚决扛起先行示范重任，广泛动员全市统一战线各方面力量，全力打造一批可借鉴可复制可推广的新模式新路径，努力将"同心共富"工程打造成为彰显统一战线强大法宝属性、增进群众福祉的"金名片"。

2012年，中国民主建国会金华市委会在磐安发起了"我的幸福计划"。随后，在浙江省委统战部和当地党委、政府的推动下，"我的幸福计划"升级为"我们的幸福计划"，从磐安一域走向全省，开启了整合各民主党派分散的资源，探寻共富之路的新征程。

与此同时，浙江还把推进中国式现代化作为最大的政治，凝心聚力创新深化改革攻坚开放提升，支持

各民主党派、工商联和无党派人士聚焦三个"一号工程",高质量开展参政议政、民主监督,用好"科学家＋企业家"圆桌会议、经济圆桌会议等平台载体,推进创新链、产业链、资金链、人才链高效深度融合,共同奏响助推三个"一号工程"的时代强音。

浙江统一战线对标对表新定位新使命,全面提升"之江同心"品牌,全省统一战线广大成员积极推进"同心共富"工程目标落实,为浙江"勇当先行者、谱写新篇章"画好最大同心圆,奋力争创新时代统战工作高质量发展先行省。

2024年5月11日,全省统一战线助力创新深化建功行动启动仪式暨"之江同心·新知新质圆桌会"在杭州市举行

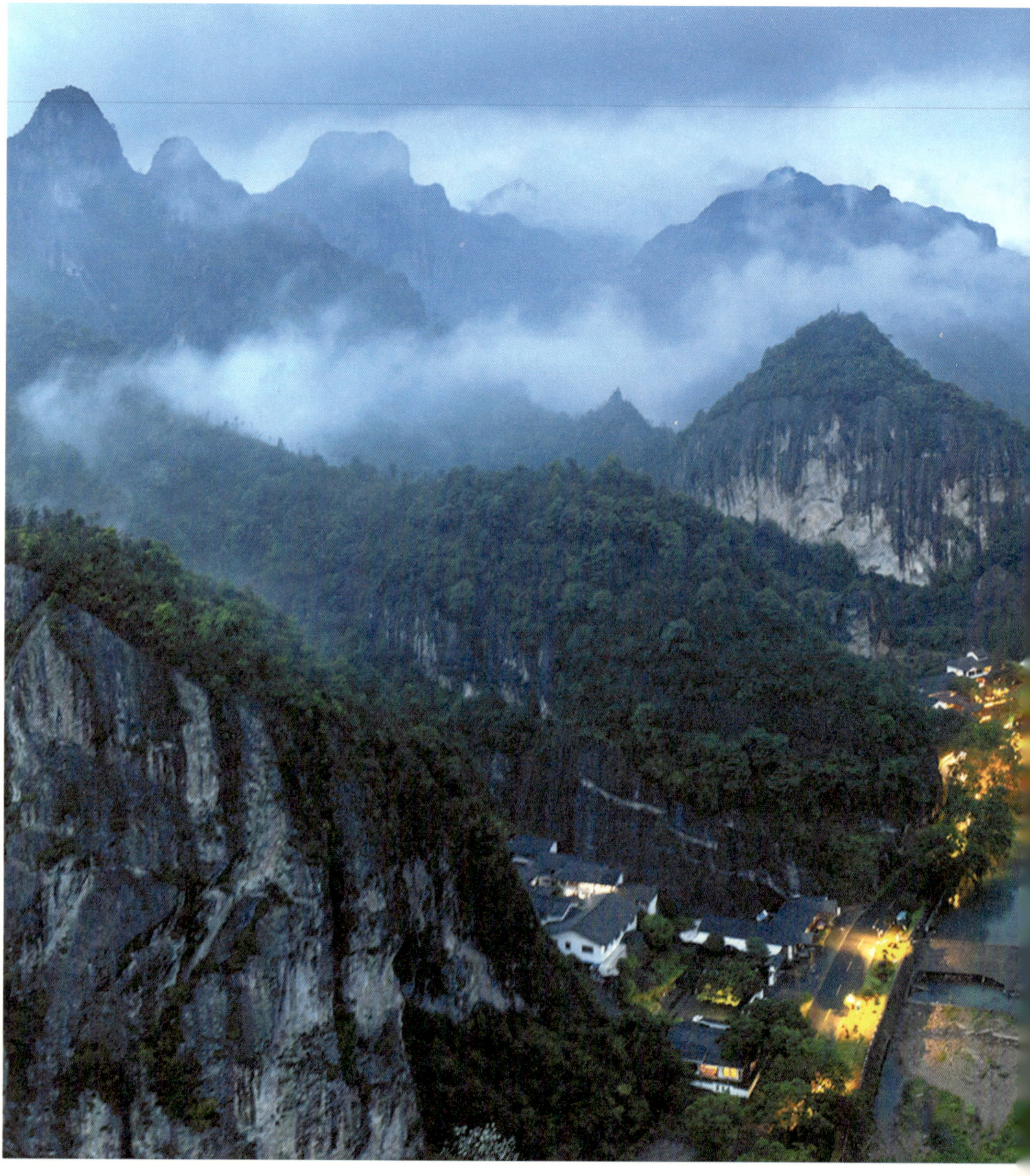

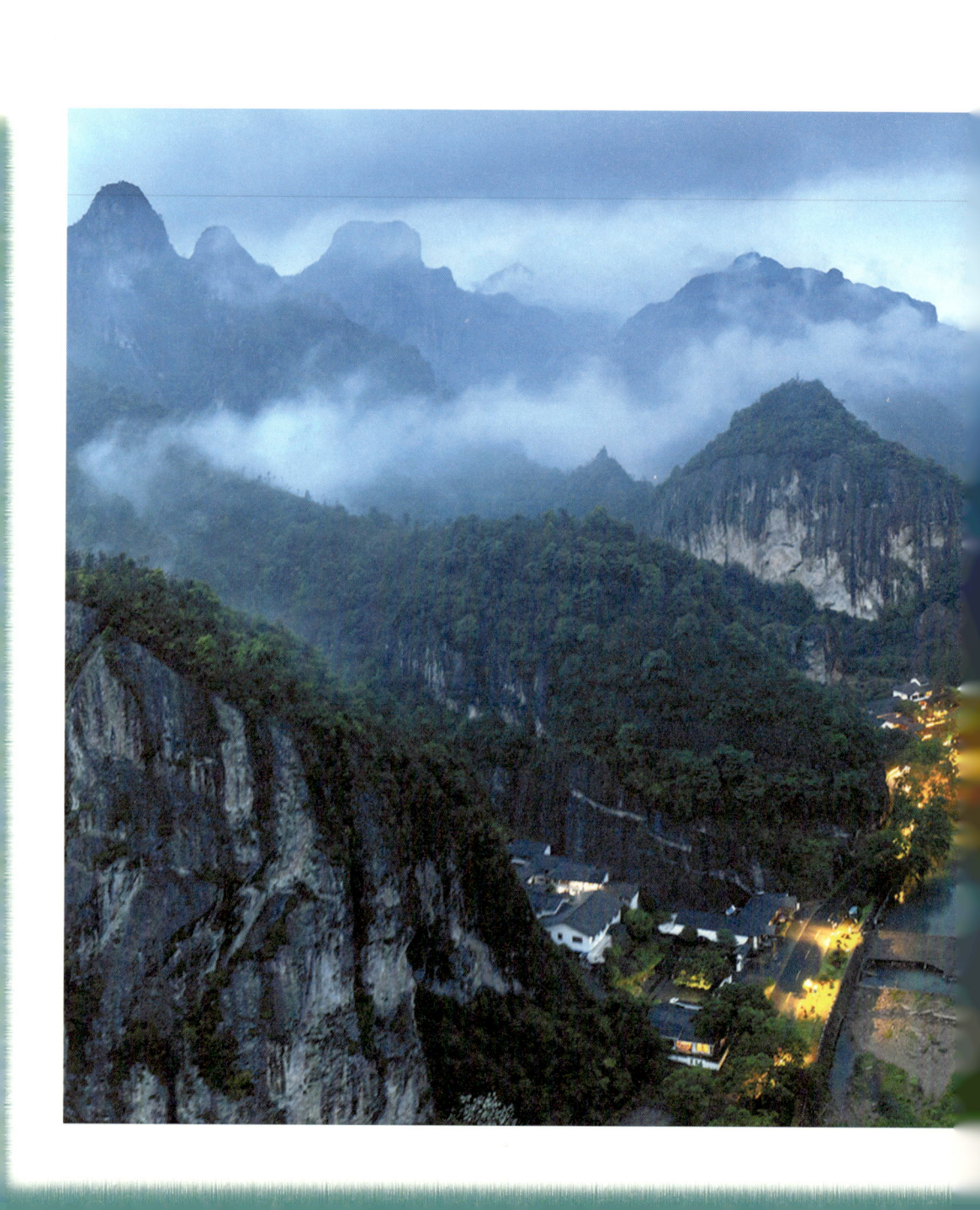

最美浙江人

ZUIMEI ZHEJIANGREN

非常之功必待非常之人。在充满生机与活力的浙江大地上，总有一群人，用自己的善良、坚韧、智慧和勇气，书写着属于浙江的"最美"华章。

他们是社会的脊梁，用坚定的信念和无畏的精神，守护着浙江的和谐稳定！

他们是时代的先锋，用创新的思维和不懈的努力，推动着浙江的蓬勃发展！

他们是道德的楷模，用高尚的行为和无私的奉献，指引着浙江的前行方向！

他们是社会的中流砥柱，是时代的领航者，更是浙江精神的忠实践行者。在困难面前，他们信念如磐，无畏无惧，用坚韧不拔的毅力刻画人生的高度；在每一个需要的时刻，他们挺身而出，用实际行动诠释了责任与担当，为浙江的繁荣发展筑起一道坚不可摧的屏障。

　　当下的浙江，处处见"最美"，行行有"最美"，人人尚"最美"，已然成为亮丽的风景线。层出不穷的"最美浙江人"，必将感召着人们见贤思齐、择善而从，在各自岗位上担当作为、真抓实干，助力浙江勇敢立潮头、永远立潮头。

刻在 4500 米的人生高度
——浙江省第十批援藏干部人才群像

从 30 年前开始，一批又一批来自浙江的干部和人才，远赴 4000 公里外的西藏自治区那曲市，把忠诚和奉献铭刻在这座我国海拔最高的城市。当前，第十批援藏干部人才已接过接力棒，续写援藏新篇章。

为方便采完虫草下山的牧民看病，浙江援藏医生带队的那曲市嘉黎县巡回诊疗工作小组在黑夜里问诊送药

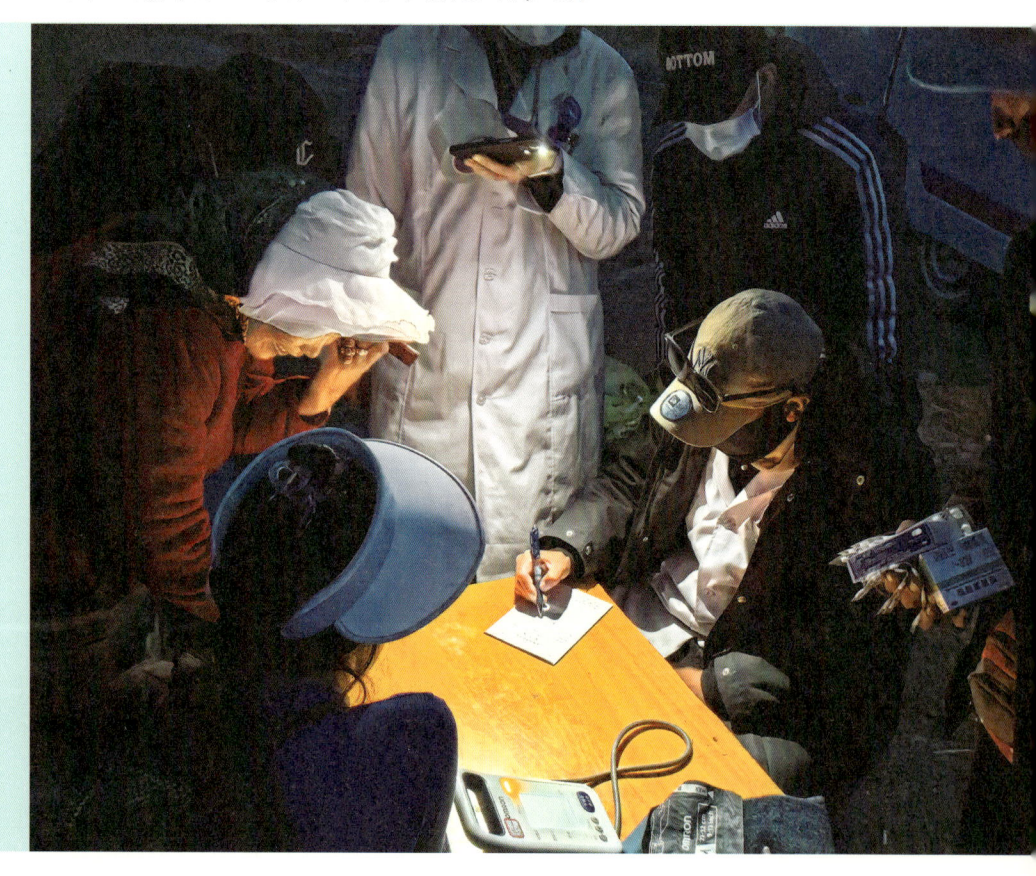

2024年年初，作为第十批援藏专业技术人员，宁波援藏医生吴嘉涵刚进入西藏地区就出现了严重的高原反应症状。30多年前，吴嘉涵的母亲李白恩主动报名援藏。交通不便，电话不通，书信来回要一两个月，李白恩在藏区走村送医，两年没有回过一次家。多年后，循着母亲的足迹，吴嘉涵接过了治病救人的接力棒。

温州援藏医生陈能阜下乡看诊时，道路艰险，好几次都是车子刚开过，大碎石就砸下来了；转过急弯后，突然发现前路塌方，旁边就是万丈悬崖。在这样的条件下，2024年5月，陈能阜带领团队跑遍嘉黎县10个乡镇，在黑夜里等牧民采完虫草下山，为他们问诊送药。

台州援藏教师戴海萍，是嘉黎县30年来的首位援藏女同志。高海拔、低气压的环境一直让她睡不好、吃不惯，但一站上讲台，她的声音就格外清亮。她经常边吸氧边梳理旁听笔记，帮助当地老师改进授课方法。

除了直接援助，浙江援藏干部人才深知发展是永恒主题，只有变"输血"为"造血"，才能打通那曲的发展"经脉"。但高原自然条件差、运输成本高、产业底子薄，想要谋发展很难。他们反复调研、仔细论证，一任接着一任干：第七批谋划项目，第八批执行建设方案，第九批完善各项设施，第十批开展运营……他们帮助那曲发展出一个又一个符合当地情况的产业。

在海拔4500米的"生命禁区"战斗是艰难的，但一批又一批的浙江援藏干部人才却做到了。30年间，他们在那曲留下了一串串拼搏的足迹，用汗水和青春，与当地广大干部群众手拉手，共同托举起那曲的未来，努力用"浙江所能"回应"那曲所需"，以实际行动回答了：援藏为什么，在藏干什么，离藏留什么！

徐利民在浦江县农户家中走访

扎根在时代里的种子
——浦江县委宣传部原部长徐利民

"人，要做一粒好种子。"中共浦江县委宣传部原部长徐利民生前经常用种子作比喻，勉励自己和他人要心怀种子的信念，扎根基层，干好事业。

徐利民为上山文化的弘扬作出了不可磨灭的贡献。2019年5月，徐利民就任浦江县委宣传部部长。当时，上山文化的研究工作开始进入"平淡期"，但徐利民通过认真自学，很快成了上山文化的"半个专家"。在他的推动下，浦江县就宣传上山文化做了一系列工作：邀请学者参加上山遗址发现20周年研讨会，推动组建上山文化遗址联盟，建设上山遗址展示馆……2024年5月，我国科研团队公布在上山开展水稻起源研究的最新成果，揭示水稻从野生到驯化的10万年连续演化史，进一步确认了中国是世界水稻的起源地，上山文化在世界农业起源中具有重要地位。

徐利民常年工作在基层一线，时刻不忘群众疾苦，总是亲力亲为。2020年6月，在徐利民担任浦江县委宣传部部长期间，县委宣传部、县委网信办筹办舆情平台"民情暖哨"。从违章停车、垃圾堆放到井盖破损、村庄拆迁，不同类型的群众诉求汇聚到"民情暖哨"平台，又迅速分流到职能部门。在该平台，群众反映问题，有关部门跟进处理；对于办理结果，当事人还可以打星评价。

无论在什么岗位，徐利民都善于总结和改进工作方法，解决堵点、难点问题。担任浦江县虞宅乡乡长期间，徐利民主持修建了深清源水库，解决了10多个自然村、上万名村民的饮水问题。2007年3月，徐利民接任虞宅乡党委书记，针对乡干部身在农村不知农的弊病，建议推行"一卡五单"驻村工作法，让村民找得到干部、叫得应干部。

徐利民是一名长期奋战在基层一线的党员干部。他在33年的基层工作中，始终牢记为民宗旨，坚守公仆本色，是扎根基层、心系群众的"泥土干部"，是心怀大局、献身文化事业的"宣传战士"，是浙江基层党员干部的优秀代表和宣传思想文化战线的杰出代表。

徐利民（左一）在浦江县基层慰问老党员

"时代楷模"徐利民同志先进事迹巡回报告会走进义乌工商职业技术学院

独山松的理想
——浙江省驻川工作组原组长王峻

2024年3月25日，浙江省赴四川省东西部协作工作组组长、浙江省文化广电和旅游厅副厅长、党组成员王峻因病不幸逝世，年仅52岁。王峻同志20余年扎根基层，探索文化引领的乡村复兴之路，投身浙川东西部协作，是一位理想者、探路者、燃灯者。

2011年，王峻调松阳县工作。任职期间，王峻的足迹遍布了松阳的角角落落。他用一年时间，走遍400多个村庄，走田间、访农户、会专家、商对策。王峻认为，乡村复兴，不同地域有不同追求。他根据松阳实际情况，主持推动了松阳县老屋修缮工作，让近百栋老宅焕然一新。

2016年，中国文物保护基金会发起"拯救老屋行动"项目，松阳成为全国唯一的整县推进试点县。同年，王峻任县委书记，明确打造"田园松阳升级版"。他把"活态保护、有机发展"思路延伸到古城保护等工作，还提出"走山区国际化发展道路"理念。他把自己的生命融入了脚下的土地，开启了文化引领的乡村复兴之路，为全国乡村振兴创造浙江经验。

王峻

2021年8月22日，王峻考察四川省汶川县来料加工总部园区

2023年8月1日，浙江省驻川工作组临时党委在四川省仪陇县的朱德故居开展主题教育活动

2021年，根据中央部署，按照"一省对一省"原则，浙江结对帮扶四川，结对规模从原先的40个县（市、区），增加到68个县（市、区）。6月，王峻担任浙江省驻川工作组组长，带队奔赴四川。赴川5个月，他就走完了全部68个结对帮扶县（市、区）。驻川工作期间，王峻带领工作组用一个个落户巴山蜀水的"造血"产业，为四川带去来自浙江的发展经验和发展动力。

2021年，浙川两省以诸暨—沐川为试点实施"蓝鹰工程"，王峻格外重视这项工程的推进，通过产教融合、科教融汇、校企合作等订单式培养"蓝领鹰才"，累计培养职校学生3429名，其中脱贫户学生、困难家庭学生占比达77%。2023年9月，王峻率队前往杭州举行"藏风宋韵"艺术展暨壤巴拉非遗大讲堂。两个月后，在王峻的精心策划下，一场别开生面的川浙非遗保护传承系列活动在成都拉开大幕，这也是他生前主持策划的最后一项活动。

"做好浙川山海情的续写者"，这是王峻对浙江援川干部的定位与要求，也是他用生命践行的理想和抱负。

没有终点站
——孔胜东的最后一班车

2024年8月30日上午,一辆28路公交车驶出杭州火车东站西广场,向终点站杭州植物园开去。这是孔胜东退休前开出的最后一班车。车厢里,挤满了乘客和记者。站台上,还有专程赶来的熟人和朋友,和他道别,为他送上祝福。

孔胜东于1982年参加工作,第一次踏进杭州公交客车厂。那时,车间噪声大、油污重,不少年轻人干几天就跑。18岁的他没有怨言,埋头跟老师傅学技术,不到一年,就摸熟了榔头、扳手。第二年,他被评为"先进生产工作者"。1992年,公司逐步调整公交车采购模式。孔胜东婉拒了去办公室的机会,连续打了3份报告,申请当乘务员。领导说他傻,他腼腆一笑说:"乘务员人手紧张,大家一个月休不到一天,年轻人要站出来。"到了1996年,杭州公交推行无人售票,乘务员岗位取消。可以调去办公室的孔胜东,听说驾驶员紧缺,再次主动申请到一线工作。自此,孔胜东的人生和28路公交车紧紧相连,把车当成家,把乘客看作亲人。

20多年来,他坚持人工报站,自己打扫卫生,自费装饰车厢;车上有他自己设计制作的沿线导游图、转乘示意图,还备着茶水、晕车药、雨伞等;累

2024年8月30日,跑完最后一班车,孔胜东坐在驾驶位上潸然泪下

刚退休的孔胜东继续以志愿者的身份出现在杭州市中山北路街头，免费为市民修理自行车

越来越多的志愿者加入"孔胜东志愿服务队"

计驾驶85万余公里，没有发生一起事故；收到表扬信3000多封，没有一件投诉。

免费为市民修车，是孔胜东做的另一件让杭州人津津乐道的事。1986年，团省委号召团员"为社会风气根本好转作贡献"，青年孔胜东也想为社会出点力，于是，他在自家附近——中山北路和百井坊巷交叉口，拉了一盏电灯，支了一个摊子，旁边立了一块牌子——"为您服务，义务修车"。修车摊一支，就支了38年，义务修车已有4万多辆。

"杭州活雷锋"、全国劳动模范、党的十七大代表……这是党和人民给予孔胜东的褒奖。他曾为自己的人生定下两个目标：一辈子开好公交车，一辈子当好志愿者。第一个目标，已经抵达终点；第二个目标，开启了新的路程，义务修车摊上的灯，还会照常亮起。

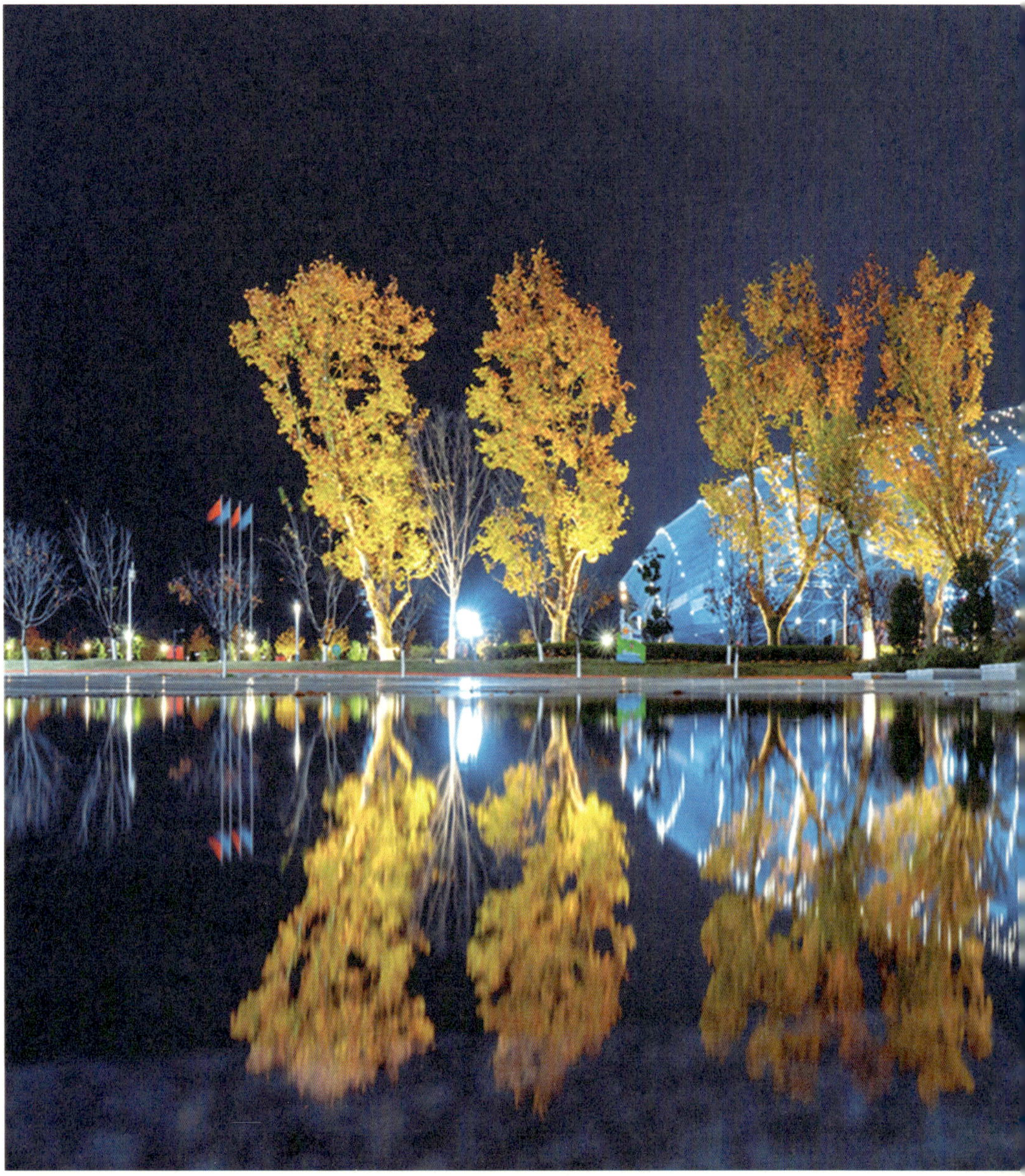

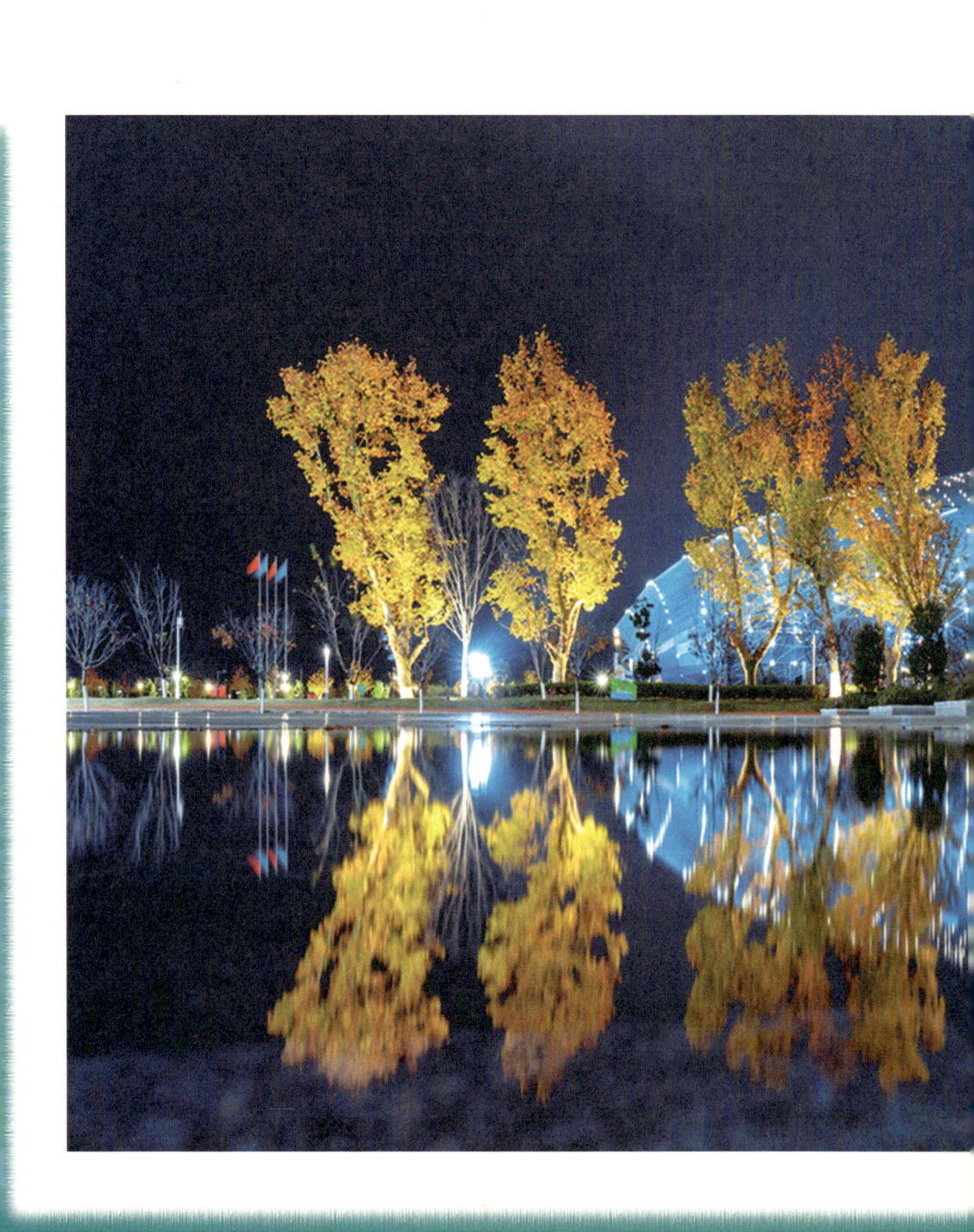

大事纪略

DASHI JILÜE

1月

6日

杭衢高铁全线38座隧道全部贯通。杭衢高铁是浙江省内连通杭州市与衢州市的一条快捷高铁通道，新建正线全长约131公里，设建德、建德南、龙游北、衢江（预留）、衢州西、江山6座车站，设计时速350公里。

11日

全省高质量项目建设和企业发展推进大会在杭州举行。

11—12日

省作家协会第十次代表大会在杭州举行。

12日

省工商联发布《2023浙江省上规模民营企业发展报告》，数据显示：2023年，浙江省共有1860家企业进入上规模民企行列，较上一年增加473家，数量居全国第一。其中108家上榜"2023中国民营企业500强"，上榜企业数量连续25年位居全国之首。

18日

第十六届中国民间文艺山花奖颁奖典礼在福建厦门举行。浙江省共有21件作品入围，3件作品荣获"山花奖"，入围数量与获奖数量均位居全国第一。

18—19日

全国农村水利水电工作会议在绍兴举行。会上公布，浙江已累计创建全国绿色小水电示范电站265座，居全国第一。

19日

长三角智慧交通示范项目"杭绍甬高速杭绍段项目"、唱响杭甬"双城记"的重要标志性工程"杭甬复线宁波一期项目"建成通车，为杭州、宁波两个都市圈之间第二条高速公路通道的全线开通打下基础。

同日

2023年度风云浙商颁奖仪式在杭州举行。10位年度风云浙商、1个年度风云浙商群体揭晓。

20日

省委、省政府举行杭州亚运会亚残运会总结表彰大会。

同日

浙江省海洋经济发展厅揭牌仪式在杭州举行。

22日

"创新引领新型工业化2023专精特新·制造强国年度盛典"在北京举行，现场颁发的25个奖项中，浙江揽获8个，占奖项总数的32%，居全国第一。

22—25日

省政协十三届二次会议在杭州召开。

23日

省统计局发布数据：2023年，浙江生产总值82553亿元，按不变价格计算，比上年增长6%。浙江农村居民人均可支配收入达40311元，比上年名义增长7.3%，首次突破4万元大关，连续39年位居全国各省区第一。全省农民收入增速高于城镇居民2.1个百分点，城乡居民人均收入倍差进一步缩小至1.86。

23—26日

省十四届人大二次会议在杭州召开。

24日

杭州市发布：2023年，杭州GDP达20059亿元，成为中国又一座"两万亿之城"。

25日

由中国科学院、浙江省合作共建的中国科学院首个以医学命名的研究机构、浙江的第二个中国科学院直属研究所——中国科学院杭州医学研究所在杭州医药港小镇举行揭牌活动。

同日

生态环境部公布了 2023 年全国地表水环境质量状况。丽水地表水考核断面水环境质量状况在全国 339 个地级及以上城市中位列全国第二、全省第一，较去年上升 8 位，创造历史最佳成绩。

同日

在省政协十三届二次会议第三次全体会议上，廉毅敏当选为政协第十三届浙江省委员会主席。

26 日

省十四届人大二次会议审议并通过了《浙江省优化营商环境条例》。

同日

2023 年度"最美浙江人·浙江骄傲"人物评选活动颁奖仪式在杭州举行。10 名个人（集体）入选 2023 年度"最美浙江人·浙江骄傲"人物。

29 日

在 2024 年杭州市"两会"上，政府工作报告提到"城区人口突破千万，实现从特大城市到超大城市的大跨越"。杭州迈入超大城市行列，成为中国（不含港澳台地区）第十座、浙江第一座超大城市。

2 月

1 日

温州市十四届人大四次会议表决通过《温州市民营企业科技创新促进条例》。这是全国首部专项聚焦"民营企业+科技创新"的地方性法规。

同日

商务部等 5 部门公布第三批中华老字号名单，

浙江新晋中华老字号品牌达35个，数量居全国第一。至此，浙江共拥有中华老字号品牌124家，其中杭州44家、宁波12家、温州10家、湖州10家、嘉兴7家、绍兴17家、金华6家、衢州5家、舟山3家、台州4家、丽水6家。

2日

2024浙江省农村文化礼堂"我们的村晚"活动在绍兴市柯桥区马鞍街道新围村文化礼堂举办。

同日

省政府召开新闻发布会，介绍于2023年12月21日获国务院批准的浙江首部"多规合一"的国土空间规划——《浙江省国土空间规划（2021—2035年）》的出台背景、主要内容及下一步重点工作等内容。

4日

中共中央组织部、中央宣传部发布"最美公务员"评选结果，全国20名同志被评选为"最美公务员"。杭州第19届亚运会组委会大型活动部综合处副处长、三级调研员和开闭幕式指挥中心仪式演出专班综合事务组组长安亮位列其中。

6日

文化和旅游部发布了《文化和旅游部关于确定21家旅游景区为国家5A级旅游景区的公告》，浙江省丽水市云和梯田景区名列其中。这是浙江此次唯一入选的国家5A级旅游景区，也是全国首个梯田类型5A级景区。

18日

省委召开全省持续推动"八八战略"走深走实，全力打造高素质干部队伍、高水平创新型人才和企业家队伍、高素养劳动者队伍大会。

22日

省委、省政府印发《关于坚持和深化新时代

"千万工程"打造乡村全面振兴浙江样板2024年工作要点》。3月29日,浙江举行新闻发布会,解读相关内容。

26日

交通运输部、农业农村部、国家邮政局公布第四批"四好农村路"全国示范县创建结果,湖州市吴兴区、南浔区成功入选。湖州成为全国首个"四好农村路"全国示范县全域覆盖的设区市。

3月

1日

《浙江省红十字会条例》施行。

同日

全省历史文化名城名镇名村保护传承工作现场会在绍兴举行。

15日

联合国减灾署公布,诸暨成功获评为亚太区第四个"世界韧性示范城市",为全国首个。韧性城市,指能够凭自身能力抵御灾害,减轻灾害损失,并合理地调配资源以从灾害中快速恢复过来的城市。

18—21日

中共中央政治局常委、中央纪委书记李希在浙江调研。调研期间,李希主持召开省市县纪委书记座谈会,指出深入贯彻落实中央纪委三次全会精神,紧密结合实际研究分析,铲除腐败滋生的土壤和条件,一体推进不敢腐、不能腐、不想腐,不断增强治理腐败效能。

21—22日

国家发展改革委在温州组织召开主题为"续

写创新史、建功新时代"的促进民营经济发展壮大现场会。

22—23 日

浙江省党政代表团到广东省学习考察，深入贯彻落实习近平总书记重要讲话重要指示精神，认真学习借鉴广东好理念好经验好做法。

25—26 日

全国政协调研组围绕"实施自由贸易试验区提升战略"来浙江调研。

25—26 日

新疆生产建设兵团代表团在浙江考察，加强交流对接，深化务实合作。

25—29 日

全国人大常委会副委员长洛桑江村率调研组在浙江调研侨务工作。

29 日

沪苏浙两省一市人大常委会联合举行促进长三角生态绿色一体化发展示范区高质量发展条例新闻发布会，这是《中华人民共和国立法法》修改以来全国第一个综合性、创制性的跨区域协同立法项目。

同日

省十四届人大常委会第九次会议审议通过了《浙江省红色资源保护传承条例》。该条例是浙江省红色资源领域首部基础性、综合性地方性法规，于 2024 年 7 月 1 日起施行。

4月

1 日

全国首部公平竞争审查领域的政府规章——《浙江省公平竞争审查办法》施行。该办法共 6 章

29 条，重点对公平竞争审查范围、内容、程序进行了规定，强化制度的刚性约束。

同日

省委常委会在杭州召开会议，专题研究推动杭州更好发展。

同日

农业农村部公布 2024 年国家级沿海渔港经济区建设项目试点名单，温州市龙港、舟山市定海两个渔港经济区建设项目榜上有名。加上之前已实施试点建设的温岭、岱山、象山、洞头、玉环等 5 个项目，浙江共有 7 个国家级沿海渔港经济区，为全国最多的省份。

同日

省体育局发布《2023 年浙江省体育场地统计调查主要数据》。截至 2023 年 12 月 31 日，浙江共有体育场地 23.44 万个，场地总面积 1.98 亿平方米，人均体育场地面积达 3 平方米。

10 日

景宁畲族自治县成立 40 周年庆祝大会、《中华民族一家亲》庆祝景宁畲族自治县成立 40 周年中央民族歌舞团慰问演出在该县举行。

11 日

省委常委会在宁波召开会议，专题研究推动宁波高质量发展。

18—20 日

全国政协副主席沈跃跃率"新型城镇化"专题研究课题组来浙江调研。

20 日

山东省党政代表团在浙江考察。

29 日

第 28 届"中国青年五四奖章"颁奖暨百场宣讲启动仪式在中央团校举行，浙江获奖的孙嘉怿和中国电建华东勘测设计研究院白鹤滩水电站勘测设计团队到场领奖。

同日

省委、省政府决定，授予浙江吉利控股集团有限公司等100家单位浙江省模范集体称号，授予李晖等573名同志浙江省劳动模范称号。

5月

6日

教育部公布2023年全国56个义务教育优质均衡发展县（市、区）名单。浙江有16个县（市、区）通过验收，数量位居通过此次验收的各省市之首。

7日

江海直达船"创新5"号进入三峡大坝北线船闸，开创了万吨级江海直达船舶从沿海直航长江上游的历史先河。"创新5"号于4月24日从宁波舟山港老塘山码头起航，经由长江三峡前往重庆。本次航线也是舟山至重庆江海直达航线的首航。

8—10日

中共中央政治局委员、国务院副总理张国清在浙江出席"应急使命·2024"超强台风防范和特大洪涝灾害联合救援演习并调研制造业高质量发展等工作。

10—13日

全国政协副主席朱永新带队，围绕"促进体教深度融合"主题来浙江开展视察。

13日

生态环境部发布深化气候适应型城市建设试点名单，全国有39个市（区）入选，浙江金华和丽水名列其中。

16 日

甬舟铁路金塘海底隧道启动盾构掘进。金塘海底隧道是甬舟铁路全线控制性工程，位于宁波与舟山之间金塘水道下方，西起宁波市北仑区，东至舟山市定海区金塘镇，全长16.18公里，其中盾构段长11.21公里，为世界最长的海底高铁隧道。

18 日

2024国际博物馆日中国主会场活动开幕式现场发布了第五批国家一级博物馆名单，浙江的杭州市临平博物馆、杭州市萧山跨湖桥遗址博物馆、浙江大学艺术与考古博物馆、良渚博物院、嘉兴博物馆（嘉兴马家浜文化博物馆）、绍兴博物馆、丽水市博物馆等7家博物馆上榜。至此，浙江的国家一级博物馆增至20家，数量继续保持全国前列。此外，由水利部和浙江省共同管理的中国水利博物馆也榜上有名。

24 日

全省制造业高质量发展大会在杭州召开。

29 日

2024年全国推动"四好农村路"高质量发展现场会在绍兴召开。中共中央政治局委员、国务院副总理何立峰在会上传达了习近平总书记的重要指示并讲话。

29 日—6 月 2 日

第二十届中国国际动漫节在杭州举办。

31 日

浙江省第十四届人民代表大会常务委员会第十次会议通过《浙江省就业促进条例》，该条例自2024年7月1日起施行。

6月

5—6日

2024年度长三角地区主要领导座谈会在温州举行。上海市委书记陈吉宁，上海市委副书记、市长龚正，江苏省委书记信长星，江苏省委副书记、省长许昆林，浙江省委书记易炼红，浙江省委副书记、省长王浩，安徽省委书记韩俊，安徽省委副书记、省长王清宪出席会议。国家发展改革委有关负责同志应邀出席会议。

12日

以"新质生产力与浙台融合发展"为主题的2024浙江·台湾合作周在杭州开幕。

14日

浙产纪录片《里斯本丸沉没》在第26届上海国际电影节上举行全球首映，9月6日在中国内地正式登陆院线上映。

17日

《新华每日电讯》报道：《全国县域旅游发展研究报告2024》暨"2024年全国县域旅游综合实力百强县"名单发布。榜单显示，2024年全国县域旅游综合实力百强县分布在18个省份，其中浙江占35席，总量全国第一；前十强中，浙江表现突出，安吉、长兴、桐乡、德清、淳安、桐庐、象山等7个县（市）入围，安吉县更是连续6年位居全国县域旅游综合实力百强县榜首。

19日

中共中央宣传部追授中共浦江县委原常委、宣传部原部长徐利民同志"时代楷模"称号。

24—25日

浙江省代表团赴西藏自治区对接对口支援工作。

25日

中共中央总书记、国家主席、中央军委主席

习近平给景宁畲族自治县各族干部群众回信，对景宁建县 40 周年表示热烈祝贺，对景宁发展提出殷切希望。

26 日

浙江省代表团在四川省对接对口工作。

29 日—7 月 3 日

全国政协调研组来浙江，围绕"扎实有序推进城市更新改造"主题进行调研。

7月

2 日

"时代楷模"徐利民同志先进事迹报告会在杭州举行。

3 日

工信部公布 20 个城市（联合体）为智能网联汽车"车路云一体化"首批应用试点，浙江以"杭州—桐乡—德清联合体"形式入选。试点标志着"车路云一体化"进入规模化落地发展的新阶段。

4 日

浙江省代表团赴青海省海西蒙古族藏族自治州，就进一步做好援青工作进行对接落实。

4—6 日

浙江省代表团赴新疆维吾尔自治区，深化对接对口援疆和浙新合作工作。

5 日

全国首个直播间运营省级地方标准《绿色直播间运营规范》（DB33/T1385—2024）正式实施。该标准由浙江省市场监管局指导，浙江省网商协会联合杭州市上城区市场监管局等单位共同起草。

9—10 日

浙江省代表团赴吉林省对接对口合作工作。

12 日

位于余姚市的河姆渡国家考古遗址公园启动全面建设。

同日

国家文物局召开"考古中国"重大项目重要进展工作会,通报了浙江绍兴稽中遗址等4项考古最新进展,首次在绍兴古城内确认存在越国建筑。同月15日,绍兴古城保护日主题活动中,绍兴又一项考古工作——绍兴古城(亭山遗址群)阶段性考古成果发布。根据目前考古发现,专家认为,亭山遗址群或为越国都邑相关所在地,为进一步研究东周时期的越国奠定了基础。

19 日

省委常委会召开扩大会议,传达学习党的二十届三中全会精神特别是习近平总书记在全会上所作的工作报告和重要讲话精神,研究贯彻落实意见。

22 日

省委常委会召开会议,传达学习党的二十届三中全会和全会通过的《中共中央关于进一步全面深化改革、推进中国式现代化的决定》、习近平总书记就决定向全会作的说明精神,研究部署学习宣传贯彻党的二十届三中全会精神的工作方案。

26 日

农业农村部发布第九批国家级海洋牧场名单公示公告,温岭市"积洛三牛"海域国家级海洋牧场、岱山县大西寨海域国家级海洋牧场、三门县五子岛海域国家级海洋牧场入选。至此,浙江建设并获批国家级海洋牧场达15个。

27 日

浙江籍运动员黄雨婷和搭档在巴黎奥运会射击10米气步枪混合团体比赛中,夺得巴黎奥运会第一枚金牌。

29 日

甘肃—浙江 ±800 千伏特高压直流输电工程开工动员大会在杭州会场和兰州会场同时举行，该工程是国家"十四五"重点输电工程，是保障浙江电力可靠供应的战略支撑性项目。这条能源大动脉西起甘肃武威民勤县，东至浙江绍兴上虞区，途经甘肃、宁夏、陕西、河南、安徽、浙江6省（自治区），线路全长2370公里。工程总投资约353亿元，计划于2026年投运，届时每年将有约360亿千瓦时电量送往浙江，约占浙江全省年用电量的6%。

30 日

习近平总书记给包陪庆、曹其镛等祖籍宁波的香港企业家回信，对他们予以亲切勉励。

8月

1 日

学习贯彻党的二十届三中全会精神中央宣讲团报告会在杭州举行。

5 日

《财富》杂志发布2024年世界500强企业榜单。10家浙企入围榜单，较去年增加2家，这也是浙江省世界500强企业首次突破10家，创历史新高。

11 日

巴黎奥运会落幕。浙江体育健儿交出了6金4银4铜的成绩单，单届夺得的奖牌数创历届之最，创造了浙江参加奥运会最好成绩。

15 日

2024年全国生态日浙江主场活动在绍兴举办，以"加快经济社会发展全面绿色转型"为主

题开展经验交流。

15 日

中央精神文明建设办公室、教育部、共青团中央、全国妇联、中国关工委在江苏南通联合举办 2024 年全国"新时代好少年"先进事迹发布仪式，向社会推出 50 名（组）优秀少年儿童的先进事迹，浙江省有杭州市南肖埠小学学生来丁丁、宁波市鄞州区钟公庙第二初级中学学生崔锦澄、丽水市莲都区刘英小学学生吴沁霏 3 人入选。

16 日

浙江 8 人获得全国科普工作先进工作者称号，5 个单位获得全国科普工作先进集体称号。

21 日

全省山海协作工程暨山区海岛县高质量发展推进会在衢州召开，会上宣布正式建立山区海岛县分类动态调整机制，温州市平阳县、衢州市柯城区、丽水市莲都区被调出"山区 26 县"。

23 日

中共浙江省委十五届五次全会在杭州举行。

28—30 日

中共中央政治局常委、全国人大常委会委员长赵乐际在浙江、上海调研。

29 日

巴黎残奥会赛场上，杭州籍运动员李樟煜获得场地自行车男子 C1 级 3000 米个人追逐赛金牌。这是中国体育代表团在本届残奥会上获得的第一块金牌。国务委员、国务院残疾人工作委员会主任谌贻琴代表党中央、国务院向中国体育代表团致贺电。

30 日—9 月 3 日

全国政协调研组围绕"推动海洋经济高质量发展"来浙江开展重点提案督办调研。

9月

6日

省委常委会召开会议，专题研究推动温州高质量发展，明确提出温州要"提速打造全省高质量发展'第三极'"。

同日

杭州至温州高铁开通运营。杭温高铁自杭州市桐庐东站引出，途经金华市、台州市、温州市，引入温州北站，通过既有杭深铁路延伸至温州南站，正线全长276公里，设计时速350公里，是国家混合所有制改革试点和社会资本投资铁路示范项目。浦江、东阳、磐安、仙居4个县（市）实现"高铁梦"。杭温高铁串起浙江省内杭州、金义、温州三大都市圈，是浙江"一小时交通圈"的关键一环，通车后，浙江陆上"一小时交通圈"基本形成。

8日

第17届夏季残疾人奥林匹克运动会在法国巴黎闭幕。浙江运动员取得14枚金牌、3枚银牌、6枚铜牌的好成绩，刷新7项世界纪录，创造了浙江自参加残奥会以来的历史最好成绩。

11日

《2023年度全国公共健康治理能力排行榜》在杭州发布。在省级行政区的排行榜中，浙江省公共健康治理能力评分为733.4分，居全国第四位；在省会城市与计划单列市的榜单中，杭州评分为698.0分，位居首位，也是该排行榜发布以来连续5年保持第一。

13日

国家文物局在北京举行2024年"考古中国"重大项目重要进展工作会，会上共发布3项在中华文明探源研究上具有重要价值的考古新成果，衢州市衢江区皇朝墩遗址位列其中。

14 日

全省旅游发展大会在杭州召开,并以视频会议形式开至各设区市。

18 日

浙江省国家知识产权保护示范区建设现场推进会在温州召开。继杭州、宁波入选首批国家知识产权保护示范区建设城市后,温州、绍兴也获此殊荣。至此,浙江入选城市达 4 个,数量为全国最多。

19 日

省委召开"勇当先行者 谱写新篇章"深入学习贯彻落实习近平总书记考察浙江重要讲话精神一周年座谈会,重温学习习近平总书记考察浙江重要讲话精神,深入谋划更好扛起习近平总书记赋予浙江使命任务的思路举措,推动全省上下坚定不移沿着习近平总书记指引的道路奋勇前进。

20 日

工信部发布 2024 年度中小企业特色产业集群名单,浙江的嘉善县光电子器件产业集群、杭州市萧山区汽车智能底盘产业集群等 9 个集群入选,新增数量居全国第一。至此,浙江的国家级中小企业特色产业集群增至 23 个。

21 日

国家卓越工程师实践基地(数字技术领域)启动活动在杭州市临平区举行。

25—29 日

第三届全球数字贸易博览会在杭州举办。本届数贸会以"数字贸易 商通全球"为主题,突出"国家级、国际化、数贸味",共有 123 个国家、地区和国际组织设展参会,1546 家企业线下参展,3 万余名专业客商进行采购洽谈,展览面积达 15 万平方米,累计入场观众超 20 万人次,达成一批重磅成果。

27日

全国民族团结进步表彰大会在北京举行。浙江共有杭州市余杭区良渚古城遗址公园等10个模范集体、米娜瓦尔·艾力等9名模范个人受到表彰。

同日

浙江省第十四届人民代表大会常务委员会第十二次会议通过《浙江省国土空间规划条例》，自2025年1月1日起施行。《浙江省土地利用总体规划条例》《浙江省城乡规划条例》同时废止。

同日

浙江省第十四届人民代表大会常务委员会第十二次会议通过《浙江省绿色低碳转型促进条例》，自2025年1月1日起施行。

30日

浙江省、杭州市党政军领导与社会各界代表一起，在杭州云居山浙江革命烈士纪念碑前举行向烈士敬献花篮仪式。

10月

10日

《宁波舟山港总体规划（2035年）》获得交通运输部、浙江省人民政府联合批复，"世界第一大港"有了新蓝图。

12日

全国工商联发布"2024中国民营企业500强""2024中国制造业民营企业500强""2024中国服务业民营企业100强"三张榜单。浙江民营企业分别有106家、109家和19家上榜，加上此前发布的"2024中国民营企业研发投入500家榜单"和"2024中国民营企业发明专利500家榜单",浙江民企上榜数量均排名首位,一共拿下5个全国第一。这是浙江第26次拿下"中国民营企业500强"上榜数量之最。

15—17日

中共中央政治局常委、全国政协主席王沪宁在浙江调研。

15—17日

以"同愿同行·和合共生"为主题的第六届世界佛教论坛在宁波雪窦山举行。中共中央政治局常委、全国政协主席王沪宁出席开幕式并致辞。论坛通过了《雪窦山宣言》,为构建人类命运共同体贡献佛教的智慧力量。

19—22日

主题为"知识产权的平衡保护与创新发展"的2024年国际保护知识产权协会(AIPPI)世界知识产权大会在杭州举办。这是AIPPI成立127年来,首次在中国举办世界知识产权大会。中共中央政治局委员、国务院副总理张国清在开幕式上宣读习近平主席贺信并致辞。

20日

国务院批复,原则同意自然资源部审查通过的《杭州市国土空间总体规划(2021—2035年)》。明确杭州为东部地区重要的中心城市、国家历史文化名城、国际性综合交通枢纽城市。在核心功能上,明确了全国数字经济创新中心和区域性科技创新高地、先进制造业基地、东部现代服务业中心、国际旅游目的地等定位。

同日

第32届中国电视金鹰奖在湖南揭晓。本届金鹰奖评选出了最佳电视剧、优秀电视剧、最佳电视综艺(文艺)节目、最佳电视纪录片、最佳电视剧导演、最佳电视剧编剧等 12 个奖项。其中，浙产剧《狂飙》《县委大院》获优秀电视剧奖。

22 日

浙江省庆祝中国人民政治协商会议成立 75 周年大会暨省委政协工作会议在杭州召开。

27 日

在哥伦比亚卡利市举行的联合国《生物多样性公约》第十六次缔约方大会（COP16）上，9 个中国城市入选第二届"生物多样性魅力城市"。浙江有湖州市安吉县、宁波市北仑区、绍兴市、丽水市 4 地入选，为全国入选数量最多省份，其中湖州市安吉县、宁波市北仑区成为首批县区级入选城市。湖州市、嘉兴市曾于 2022 年入选首届"生物多样性魅力城市"名单。

28 日

浙江召开全省领导干部会议。中央组织部副部长齐家滨同志宣布中央决定：王浩同志任浙江省委书记，易炼红同志不再担任浙江省委书记、常委、委员职务。

31 日

国网新源宁海抽水蓄能电站首台 35 万千瓦机组正式投产，浙江抽蓄电站投产规模达到 703 万千瓦，稳居全国第二。

11 月

2 日

以"和合文化与人类文明新形态"为主题的 2024 和合文化全球论坛在天台县举行。全国政协副主席、民进中央常务副主席朱永新出席开幕式并作特别致辞。

同日

由科技部指导、中国科技发展战略研究小组联合中国科学院大学编写的《中国区域创新能力评价报告2024》正式发布，浙江区域创新能力连续3年居全国第四。

8日

全国智慧农业现场推进会在杭州市临平区召开。农业农村部将实施智慧农业示范带动行动，决定支持浙江建设全国首个智慧农业引领区。

11—12日

第八次长三角地区政协主席联席会议在绍兴召开。

15日

在哥伦比亚卡塔赫纳举行的联合国旅游组织执行委员会第122次会议上，公布了2024年"最佳旅游乡村"名单，浙江省龙泉市宝溪乡溪头村入选。至此，浙江共有3个乡村入选世界"最佳旅游乡村"，分别是安吉县余村村、淳安县下姜村、龙泉市溪头村，成为全国入选世界"最佳旅游乡村"数量最多的省份。

15—17日

2024世界青年科学家峰会在温州举行。会上，世界青年科学家联合会（WAYS）正式宣布成立。

16日

第37届中国电影金鸡奖颁奖典礼举行。浙产电影共斩获3个奖项——《里斯本丸沉没》获最佳纪录/科教片奖，演员刘丹凭《乘船而去》获最佳女配角，钟锐、钱添添凭《热烈》获最佳摄影奖。在本届评选中，浙江获奖数与北京、上海并列第一。

19—22 日

以"拥抱以人为本、智能向善的数字未来——携手构建网络空间命运共同体"为主题的2024年世界互联网大会在浙江乌镇举办。20日，国家主席习近平向乌镇峰会开幕视频致贺。中共中央政治局常委、国务院副总理丁薛祥出席开幕式并发表主旨讲话。

22 日

加快建设创新浙江因地制宜发展新质生产力动员部署会暨全省科学技术奖励大会在杭州举行。大会表彰了2023年度浙江省科学技术奖310项，其中，浙江科技大奖1项，自然科学奖、技术发明奖、科学技术进步奖共299项，国际科学技术合作奖10项。

25—27 日

主题为"交流互鉴与人类文明新形态"的第二届"良渚论坛"在杭州举办。中外嘉宾聚焦文化遗产、文学、音乐等重点领域，深入交流，凝聚共识。

27 日

中国（浙江）自由贸易试验区大宗商品资源配置枢纽新闻发布会在杭州举行。发布会现场，有关方面负责人介绍了11月8日获国务院批复的《中国（浙江）自由贸易试验区大宗商品资源配置枢纽建设方案》的重点内容、浙江建设枢纽的下一步行动方向。这是全国首个大宗商品资源配置枢纽。

同日

《浙江省"千万工程"条例》经浙江省第十四届人民代表大会常务委员会第十三次会议审议通过，将于2025年1月1日起施行。这是全国首部关于"千万工程"的专项法规，首次将"千万工程"蕴含的发展理念、工作方法和推进机制上升为制度成果。

同日

浙江省第十四届人民代表大会常务委员会第十三次会议通过《关于大力弘扬企业家精神 进一步支持鼓励企业家干事创业的决定》，自公布之日起施行。

同日

浙江省第十四届人民代表大会常务委员会第十三次会议经审议表决，决定接受易炼红辞去浙江省人大常委会主任职务。

28日

第七届世界浙商大会在杭州开幕。

12月

1日

第七届中国青年志愿服务项目大赛和公益创业赛在广东省汕头市闭幕。浙江省代表团以16金24银10铜的优异成绩，摘得"三冠"，分别是项目大赛金奖数第一、公益创业赛金奖数并列第一、项目大赛和公益创业赛金银铜奖获奖总数第一。

4日

推进高水平对外开放建设高能级开放强省动员部署会暨中国（浙江）自由贸易试验区大宗商品资源配置枢纽建设启动大会在杭州召开。

6日

国务院办公厅发函，原则同意《浙江省义乌市深化国际贸易综合改革总体方案》。

10日

国际知名学术期刊《美国科学院院报》在线发表了由美国斯坦福大学、中国科学院地质与地球物理研究所、浙江省文物考古研究所3家单位的科研团队共同完成的论文——《中国长江下游上山遗址发现1万年前的稻米酒证据》。论文聚焦上山文化遗存研究，揭示了早在1万年前，浦江上山遗址的陶器残片中，就存在着稻米酒遗留物。这是迄今为止，世界范围内发现的存在稻米酒的最早证据。这一新发现，也为研究世界稻作文化起源、早期社会结构等提供了新的依据。

18日

省十四届人大常委会第十四次会议经审议表决，通过省人大常委会关于接受王浩请求辞去浙江省省长职务的决定。会议决定任命刘捷为浙江省副省长，决定其代理浙江省省长职务。

18—20日

中共中央政治局常委、国务院总理李强在浙江杭州、绍兴、嘉兴等地调研。调研期间他强调，要深入学习贯彻习近平总书记在中央经济工作会议上的重要讲话精神，把思想和行动统一到党中央对经济形势的科学判断和对经济工作的决策部署上来，坚定信心、开拓进取，奋力创造高质量发展新业绩。李强希望浙江作为经济大省勇挑大梁，以改革开放壮大发展新动力，以创新突破塑造发展新优势，在推进中国式现代化上继续走在前列。

21日

中共浙江省委十五届六次全会暨省委经济工作会议在杭州举行。

26日

沪苏湖高铁开通运营，"轨道上的长三角"再添新动脉。

30日

全省深化新时代"千万工程"推进会暨缩小"三大差距"动员部署会在杭州召开。

跋 POSTSCRIPT

春华秋实，岁稔年丰。2024 年，是"十四五"规划深入实施的关键之年，也是"十五五"规划前期工作的启动之年。这一年，作为"中国式现代化的先行者"，浙江在高质量发展的道路上挺膺担当、勇挑大梁，奋力谱写着属于 6600 余万浙江人民的"现代化新篇章"。

回首过去一年，在习近平新时代中国特色社会主义思想的正确指引下，浙江持续推动"八八战略"走深走实，扎实推进共同富裕示范区建设，切实保障全省经济实现质的有效提升和量的合理增长。一年里，蓬勃发展的数字经济持续解放新质生产力，深度布局的杭温高铁全面打通南北交通枢纽大动脉，舞动青春的浙江籍奥运健儿再现"体育强省"风范，"千万工程"全力助推"四好农村路"之江新篇，先进特色科技产业集群数智赋能新型工业化发展……

未来已来，行则将至。党的二十届三中全会紧紧围绕推进中国式现代化这一主题，擘画了进一步全面深化改革的战略举措。呈现在您眼前的这本《记忆浙江·2024》，既是浙江"急先锋"的经验之谈，也是浙江"弄潮儿"的先验之举。全书详细收录了过去一年发生在浙江的大事要闻，内容丰富、信息翔实，希冀为您全方位展现一幅鲜活生动、多姿多彩的现代化浙江画卷。

在编辑本书的过程中，我们得到了浙江日报报业集团、红旗出版社等单位的鼎力支持，由衷感谢！

由于编者水平有限，时间仓促，疏漏不周之处敬请广大读者批评指正。

《记忆浙江·2024》编者

2024 年 12 月于杭州

感 谢

资料来源 《浙江日报》等
图片提供 浙江日报全媒体视频影像部
（特别说明：因部分图片作者地址不详无法联系，恳请联系我们，以便奉寄稿酬）

图书在版编目（CIP）数据

记忆浙江 . 2024 / 浙江省档案馆编 . -- 北京：红旗出版社, 2025.1. -- ISBN 978-7-5051-5451-3

Ⅰ . K295.5

中国国家版本馆 CIP 数据核字第 202408MC71 号

书　　名	记忆浙江·2024 JIYI ZHEJIANG·2024		
编　　者	浙江省档案馆		
出 版 人	蔡李章	责任编辑	吴琴峰　杨　迪
责任校对	吕丹妮	封面设计	顾　页
责任印务	金　硕		
出版发行	红旗出版社		
地　　址	北京市沙滩北街2号	邮政编码	100727
	杭州市体育场路178号	邮政编码	310039
编 辑 部	0571-85310467	发 行 部	0571-85311330
E - mail	hqcbs@8531.cn		
法律顾问	北京盈科(杭州)律师事务所　钱　航　董　晓		
图文排版	浙江新华图文制作有限公司		
印　　刷	浙江全能工艺美术印刷有限公司		
开　　本	787 毫米 ×1092 毫米　1/16		
字　　数	200 千字	印　　张	13
版　　次	2025 年 1 月第 1 版	印　　次	2025 年 1 月第 1 次印刷
ISBN 978-7-5051-5451-3		定　　价	68.00 元